新质生产力理念下的能源经济体系建设

XINZHI SHENGCHANLI LINIAN XIA DE
NENGYUAN JINGJI TIXI JIANSHE

过 瑞　丁晓莉　王昭然　史帅航　著

图书在版编目(CIP)数据

新质生产力理念下的能源经济体系建设/过瑞等著.—武汉:中国地质大学出版社,2024.11.—ISBN 978-7-5625-6017-3

Ⅰ.F426.2

中国国家版本馆 CIP 数据核字第 20246PU000 号

新质生产力理念下的能源经济体系建设	过 瑞 丁晓莉 王昭然 史帅航 著
责任编辑:王 敏　　选题策划:江广长 段 勇	责任校对:徐蕾蕾
出版发行:中国地质大学出版社(武汉市洪山区鲁磨路388号)	邮编:430074
电　　话:(027)67883511　　传　　真:(027)67883580	E-mail:cbb@cug.edu.cn
经　　销:全国新华书店	http://cugp.cug.edu.cn
开本:787mm×1092mm　1/16	字数:250千字　　印张:9.75
版次:2024年11月第1版	印次:2024年11月第1次印刷
印刷:武汉市籍缘印刷厂	
ISBN 978-7-5625-6017-3	定价:68.00元

如有印装质量问题请与印刷厂联系调换

序 一

近年来,中国经济逐步由高速增长向高质量发展转型,建设现代化经济体系不仅是我国跨越发展关口的迫切要求,也是实现国家战略目标的重要途径。在此过程中,创新驱动和经济结构调整成为国民经济建设的主旋律。在深入把握国民经济发展内在规律及长期趋势的基础上,习近平总书记提出了"新质生产力"这一概念。在强调科技突破、创新驱动及可持续发展等理念的基础上,新质生产力追求生产要素的高效配置和集约利用,为社会经济的高质量发展、经济增长方式的转型及产业结构的优化升级提供了有力的逻辑支撑。这一概念不仅是对马克思主义生产力理论的继承和创新,更是党和政府推动社会经济发展的经验智慧凝结。

早在2014年,习近平总书记就提出了推动能源消费革命、能源供给革命、能源技术革命、能源体制革命和全方位加强国际合作的"四个革命、一个合作"能源安全新战略,为新时代能源发展指明了前进方向、提供了根本遵循。在党的正确领导下,通过能源和经济从业人员与社会各界的共同努力,中国已经成为全球能源生产第一大国。能源经济的发展动力来源从传统能源向新能源加速转变,供给结构由以煤为主逐步向多元化、清洁化的方向迁移。在能源消费方面,能源消费革命不断走向深入,能源的绿色低碳转型步伐持续加快。与此同时,能源利用效率大幅提升,节能降耗成效明显。在以新产业、新业态、新模式为代表的"三新"经济蓬勃发展的背景下,我们不能满足于已有的成绩。新型能源体系建设任重道远,能源高质量发展更是挑战重重,这就要求大力加强能源新质生产力的培育。

所谓能源新质生产力,是指在技术与科技迅速发展的背景下,通过革命性技术突破、创新性生产要素配置、产业深度转型升级带来的能源发展新业态与新模式。深入发展能源新质生产力,不仅是中国能源经济实现创新驱动转型及高质量发展的必然选择,更是能源行业健康可持续发展的必由之路。

在这一进程中,新质生产力理念为能源经济提供了新的发展思路和方向。就能源领域而言,新质生产力提醒我们不仅要从数量维度关注能源的供应和消费,更要注重其品质、效率和环境友好性,努力实现能源与经济、社会、环境的动态协调,最终达成社会经济的全面、可持续发展。

当前,全球能源格局日新月异,各国纷纷推出基于自身立场的能源博弈策略与投资布局规划方案,新能源技术的突破性应用快速发展,推动能源供应的结构和格局不断优化。与此同时,能源存储和传输技术的进步使能源的应用更为灵活高效。对能源经济体系而言,这带来了前所未有的转型和升级机遇。然而，新的问题和挑战也不断涌现，需要引起社会各界的关注。

在能源经济体系建设过程中，政策和市场机制扮演着至关重要的角色。政府有责任进行科学合理的顶层设计，对整个社会的能源消费、能源投资进行科学引导，积极促进能源产业的健康可持续发展。同时，还要建立敏捷高效的能源市场机制，通过市场资源配置作用的充分发挥，着力提高能源利用效率并实现经济效益与社会效益的均衡。此外，加强国际合作也是提高能源经济体系建设水平的有效途径。在全球化程度不断提高的背景下，各国之间的能源问题深度关联。只有加强能源技术交流与合作，共同构建"人类命运共同体"，才能有效应对全球性的能源安全与环境保护挑战。

作者以新质生产力理念为指导，构建了能源经济体系建设的逻辑框架，并从需求、供给、价格、能源国际贸易等维度进行了深度剖析。在研究过程中，作者积极借鉴国际经验，同时结合产业经济、能源经济学、公共管理等方面的理论研究成果，从多个维度探讨了能源经济体系建设这一研究主题。此外，作者还分析了新质生产力理念下的能源经济体系建设重点、发展瓶颈，并提出了一系列建议。

新质生产力理念下的能源经济体系建设是一项系统、复杂且长期的工程，离不开政府、企业、科研机构、各类中介组织及所有社会成员的协同努力。我们需要具备严密的逻辑、开创性的思维、科学的方法和不屈不挠的毅力，积极探索能源经济发展的新路径、新模式、新方法，为实现全球经济的可持续发展和人类社会的繁荣进步贡献力量。

习近平总书记指出，新质生产力是"符合新发展理念的先进生产力质态"，"已在实践中形成并展示出对高质量发展的强劲推动力、支撑力"。面对发展新质生产力的历史任务，面对"碳达峰、碳中和"的时代要求，加强能源经济体系建设势在必行。希望本书能帮助广大读者更深入地了解新形势下的能源经济体系建设，为未来的发展提供宝贵的启示和借鉴。

赵鹏大

中国科学院院士

2024 年 11 月

序 二

现代产业体系不仅是实现经济现代化的前提,也是建设社会主义现代化强国的基石。党的二十大报告指出,要建设现代化产业体系,加快构建新发展格局,着力推动高质量发展。在产业经济发展过程中,我们有必要深入认识现代化产业体系的重要意义,为提升产业综合竞争力、构筑国际竞争优势赋能。在此过程中,能源领域尤其需要加快推进现代化产业体系建设。

就能源领域而言,打造现代能源产业体系迫在眉睫,基于此构建社会主义特色能源经济体系亦势在必行。一方面,新一轮科技革命和产业变革加速演进,全球百年未有之大变局正在深化,中国面临的外部风险和挑战更加严峻,需要依靠强大的产业经济基础支撑综合国力。在参与全球经济治理体系改革进程中,构建中国特色能源经济体系有利于提升中国在世界经济变局中的主动权、话语权与影响力,为经济高质量发展创造均衡且积极的国际环境。另一方面,能源关乎国计民生,是畅通国内国际"双循环"的重要战略资源之一。长期以来,"缺油少气"的现实困境在一定程度上影响到了国家能源安全。与此同时,随着国民生活水平的提升,对绿色环保的要求也不断提升。因此,打造社会主义特色能源经济体系,调整能源消费结构,减少对石油等传统化石能源的依赖,是开创经济高质量发展新局面的重要依托。

2024年2月,二十届中共中央政治局第十二次集体学习时,中共中央总书记习近平强调,要瞄准世界能源科技前沿,聚焦能源关键领域和重大需求,合理选择技术路线,发挥新型举国体制优势,加强关键核心技术联合攻关,强化科研成果转化运用,把能源技术及其关联产业培育成带动我国产业升级的新增长点,促进新质生产力发展。在新常态背景下,发展新质生产力是中国能源绿色低碳转型、保障能源安全的关键路径。通过加大对新能源技术研发投入、优化能源结构、打造社会主义特色能源经济体系,中国能够有效应对经济发展与环境约束的双重挑战并为全球能源革命贡献创新方案。

在借鉴能源经济体系建设国际经验、总结国内能源产业发展经验的基础上,以过瑞为代表的研究团队结合能源经济学、产业经济学、新结构经济学等学科理论,对新质生产力理念下的能源经济体系建设进行了深入探讨,进一步拓展了能源产业经济发展的研究框架。从理论层面来看,该研究将新质生产力理念融入能源经济体系的研究中,提出了一个新的分析框架,为能源经济学提供了新的视角和工具,有助于形成更全面的能源经济理论体系。研究结论可为政府及决策者提供制定能源政策的理论依据,特别是在推动能源转型和能源经济可持续发展方面。从实践层面来看，该研究成果可用于指导如何优化能源结构、提高能源利用效率、减少对环境的负面影响，这对实现能源经济的可持续发展具有一定的参考价值。

希望本书能为政策制定者、企业管理者及关注能源未来的各界人士提供有益的思考和实践借鉴，推动共同开创能源经济发展的新局面。我们也期待能源经济体系建设方面有更多视角新颖、方法独到的著作问世，为推动新质生产力理念在能源产业经济领域的落地生根提供理论动力。

关凤峻

原国土资源部地质环境司司长
自然资源部老科协会长
2024 年 11 月

前　言

在新一轮科技与产业革命的推动下,全球经济与社会发展的形势一日千里。随着科技的飞速进步、环境问题的日益凸显和能源需求的持续增长,能源经济体系建设的重要性更加凸显。近年来,全球能源治理的主体与治理对象、特点内涵与治理工具、面临的主要外部挑战与治理模式机制发生了巨大变化。因此,以一种全新的发展理念来引领能源经济体系的建设势在必行。新质生产力理念的提出,为构建可持续发展的能源经济体系指明了理论方向和实践路径。

2024年1月31日,习近平总书记在二十届中央政治局第十一次集体学习时指出,"新质生产力是创新起主导作用,摆脱传统经济增长方式、生产力发展路径,具有高科技、高效能、高质量特征,符合新发展理念的先进生产力质态。"对于能源领域而言,新质生产力意味着更加清洁高效且智能化的能源生产、转换、传输及利用方式。新质生产力理念指导下的能源产业经济不仅能够满足社会成员持续增长的能源需求,还能够有效减少能源消耗和环境污染,进而实现经济、社会和环境的协调发展。

随着全球工业化和城市化进程的加速,能源需求持续增长,能源供应安全和环境保护成为各国共同面临的严峻挑战。传统的能源经济体系以化石能源为主导,存在能源利用效率低下、环境污染严重、资源面临枯竭等问题。为了应对这些挑战,必须加快推进高质量能源管理制度的建设、转型和升级,构建以新质生产力理念为核心理念的能源经济体系。

围绕新质生产力理念进行能源经济体系建设,需要从以下几个方面入手。

其一,科技创新是引擎。

科技创新是推动新质生产力发展的核心动力。在能源领域,有必要加大对新能源技术、节能技术、智能电网技术等核心技术领域的研发投入,切实提高能源生产和利用效率,降低能源成本,减少环境污染。例如,太阳能、风能、水能等可再生能源利用技术不断进步,为消费者提供了更加清洁、可持续的能源供应选择;电池储能、氢能储能等能源储存技术的快速发展,为解决可再生能源的间歇性和不稳定性问题提供了有力的支撑;智能电网技术的应用,不仅推动了能源的高效传输分配,也提高了能源系统的可靠性与稳定性。

其二,制度创新是保证。

制度创新是推动新质生产力发展的重要保障。在能源领域,我们需要积极借鉴国际经验,建立健全的能源政策体系与法律制度,为能源经济体系的建设提供坚实的制度支撑。同时,还需要着力推动能源领域的跨国合作,高效应对全球能源挑战。例如,有针对性地制定可再生能源发展政策、能源税收政策,有效促进新能源的开发和利用,系统性地打造政策、标准、市场及监管体系,实现能源资源的优化配置和共同发展。

其三,管理创新是依托。

管理创新是提高能源经济体系效率和效益的重要手段。在新质生产力理念下,我们需要建立健全能源管理体制和机制,加大能源规划、政策制定和监管力度,提高能源资源的配置效率。同时,还需要加强能源企业的管理创新,提高企业的核心竞争力和可持续发展能力。例如,推行能源合同管理、能源绩效评估等创新管理模式,有效降低能源消耗和成本;提高能源企业的信息化建设水平,提高企业的决策科学性与运营效率。

其四,人才培养是基础。

人才是推动新质生产力发展的关键因素。在能源领域,我们需要加强能源人才的培养和引进,提高能源人才的素质和能力。同时,还需要加强能源科普教育,提高公众的能源意识和节能意识。例如,加强能源专业教育和职业培训,培养一批具有实践技能和创新意识的复合型专业人才;开展能源科普活动,提高社会公众对能源问题的认识,促进全社会共同参与能源节约和环境保护。

总之,新质生产力理念下的能源经济体系建设是一项长期而艰巨的任务。我们需要充分认识到发展新质生产力的重要性与紧迫性,加强科技创新、管理创新和制度创新,引进并培养高素质能源人才,切实推动能源经济体系的建设、转型与升级。只有这样,我们才能实现经济、社会和环境的协调发展,从而为构建人类命运共同体增砖添瓦。

笔 者

2024 年 11 月

目 录

第一篇 新质生产力对能源经济的影响

第一章 新质生产力的理论框架 ……………………………………………… (2)
  第一节 新质生产力的概念形成过程 ………………………………………… (2)
  第二节 新质生产力的本质内涵与基本框架 ………………………………… (6)
  第三节 新质生产力面向的问题 ……………………………………………… (13)
  第四节 新质生产力的核心特征 ……………………………………………… (18)
  第五节 新质生产力的制度支撑体系 ………………………………………… (21)

第二章 新质生产力与能源经济的逻辑关联 …………………………………… (25)
  第一节 新质生产力推动能源经济高质量发展 ……………………………… (25)
  第二节 新质生产力引领能源经济深层次转型 ……………………………… (31)
  第三节 新质生产力塑造能源经济多维度业态 ……………………………… (32)
  第四节 新质生产力保障能源经济全面发展 ………………………………… (35)

第二篇 新质生产力理念下能源经济体系建设的基本框架

第三章 新质生产力理念下的能源需求 ………………………………………… (42)
  第一节 能源与社会经济及居民消费的匹配度问题 ………………………… (42)
  第二节 能源消费需求端的变化趋势 ………………………………………… (49)
  第三节 能源需求的总体预测 ………………………………………………… (52)

第四章 新质生产力理念下的能源供给 ………………………………………… (59)
  第一节 对能源经济供给相关因素的认识 …………………………………… (60)
  第二节 能源供给结构的优化提升 …………………………………………… (68)
  第三节 国际能源供给波动的影响 …………………………………………… (70)

第五章 新质生产力理念下的能源价格 ………………………………………… (73)
  第一节 全球能源形势前瞻 …………………………………………………… (74)
  第二节 能源价格波动的影响 ………………………………………………… (81)
  第三节 能源定价权之争 ……………………………………………………… (83)

第六章　新质生产力理念下的能源国际贸易 (89)
第一节　"一带一路"背景下的能源国际合作 (89)
第二节　能源国际贸易新趋势 (92)
第三节　新质生产力视域中的能源国际贸易格局 (93)

第七章　新质生产力理念下的能源政策体系 (97)
第一节　能源政策顶层设计 (97)
第二节　能源管理体制改革 (103)
第三节　能源监管 (112)
第四节　能源政策执行评估 (113)

第八章　新质生产力理念下能源经济体系的若干重点 (116)
第一节　推动能源生产消费方式加快转型 (116)
第二节　提升能源供应链弹性、韧性与安全水平 (118)
第三节　推进能源产业体系现代化 (119)
第四节　增强能源高质量发展动能和活力 (121)

第三篇　新质生产力理念下能源经济体系建设的瓶颈与对策

第九章　能源经济体系建设的瓶颈 (123)
第一节　能源区域性供需矛盾不容忽视 (123)
第二节　能源转型过程中存在技术短板 (126)
第三节　能源转型成本高企 (126)
第四节　能源安全风险呈现多样化特点 (128)

第十章　能源经济体系建设的对策 (130)
第一节　建立规范统一的能源大市场 (131)
第二节　推动能源科技研发攻关 (135)
第三节　加强能源安全风险管控 (137)
第四节　开辟绿色清洁能源发展特色道路 (138)

主要参考文献 (141)

后　记 (145)

第一篇　新质生产力对能源经济的影响

"新质生产力"是习近平总书记于 2023 年 9 月在黑龙江考察调研期间提出的一个全新概念。这一概念的提出是对马克思主义生产力理论的有力推动,兼具深刻的理论意义和积极的实践价值。简而言之,新质生产力是"由技术革命性突破、生产要素创新性配置、产业深度转型升级而催生的当代先进生产力"(杜立辉和欧阳勇兵,2024)。

新质生产力是一种具有创新性和引领性的生产力形式,对能源经济产生了不容忽视的影响。①能源需求结构的变化。新质生产力的提升通常伴随着工业结构的升级和消费模式的变化。例如,随着数字化、智能化生产模式的普及,传统制造业将逐步被先进制造业所取代,这会在一定程度上减少对传统化石能源的需求,对高效绿色能源的需求则会持续增加。②能源效率的提高。高科技的引入能够显著提高能源使用效率。例如,智能电网和智慧能源管理系统可以精确匹配能源供应与需求并实现科学调度,从而降低能源消耗并显著提高能源综合利用效率。③能源生产和利用技术的创新。在新质生产力理念下,能源生产和利用技术的创新将得到全方位的推动。例如,可再生能源(如风能、太阳能)技术和储能技术(如锂电池)持续进步,极大地改变了人们生产能源和消费能源的方式方法。这不仅大大提高了能源供应的可持续性,也从根本上降低了人们对传统化石能源的依赖程度。④环境破坏的减少。新质生产力高度强调产业深度转型升级,这必然意味着绿色技术和清洁能源的全方位应用,将减少污染物的排放。换言之,新质生产力理念下的社会生产具有环境优化的特点,不仅强调生产力的提升,更强调环境保护与可持续发展,这将大大减轻生态环境的负担。⑤产业政策和经济结构的调整。在新质生产力理念下,政府会制定相应的能源产业促进政策,企业也会在能源经济方面进行一系列战略战术调整。例如,中央及各地政府会推出支持绿色能源发展的政策、激励措施。同时,传统能源产业也会在政策压力下进行转型或者面临被淘汰的命运(刘纯明和余慧,2024)。

从总体上来看,新质生产力理念的提出有力地推动了能源经济的转型升级,促使能源使用更加高效、环保和可持续,这将对能源经济体系产生深远影响。

第一章　新质生产力的理论框架

习近平总书记关于新质生产力的一系列重要论述是对马克思主义生产力理论的突破与革新,既具有深刻的理论意义,又具有现实的实践意义。深入理解新质生产力的核心内涵,摸索符合中国国情社情的发展路径,在新一轮科技革命和产业变革背景下着力推进现代化产业体系建设,培育满足人民群众需求的新质生产力,是扎实推进高质量发展战略的必由之路。

国内学者经过努力,已经总结出了一套较为完整的新质生产力理论框架。深入认识这一理论框架,不仅有助于引导政策制定、推动经济高质量发展、促进技术创新与应用、优化资源配置,也将全面增强企业竞争力、积极促进社会发展、多维度提升教育和技能培训并推动全球合作。从整体上来看,深入认识新质生产力理论框架不仅有助于开展相关理论研究,还能科学指导产业经济实践活动,为实现全面、协调、可持续发展提供有力支持(徐耀强,2024)。

第一节　新质生产力的概念形成过程

2023年9月7日,习近平总书记在新时代推动东北全面振兴座谈会上首次公开提出了"新质生产力"的概念。这一概念的产生绝非偶然,而是深深植根于党的发展理念、改革开放伟大实践和民众深层次发展需求。通过对近年来有关政策文件精神的梳理总结,可以将新质生产力概念的形成分为四个阶段,即酝酿期、发展期、形成期和成熟期。

改革开放以来,发展问题一直是党中央关注的重点,培育发展新动能更是重中之重。在提出新质生产力这一概念之前,党中央已先后提出创新驱动发展、供给侧结构性改革等多项重要举措。新质生产力概念的形成,是以习近平同志为核心的党中央的集体智慧持续探索的硕果。从时间维度来看,新质生产力概念的诞生可以划分为如下四个阶段。①酝酿期(2015—2018年)。依托创新驱动发展战略,实现经济生产方式从需求侧管理到供给侧结构性改革的积极转变。②发展期(2019—2022年)。培育战略性新兴产业与未来产业,构建现代化产业体系。③形成期(2023年初—2023年9月)。习近平总书记在公开场合正式提出新质生产力概念,得到社会各界的积极响应。④成熟期(2023年9月之后)。在有关各方的共同努力下,新质生产力概念体系逐步趋于完善。

一、酝酿期

2015年之后,中国经济步入新的发展阶段。经济学家注意到,社会经济发展的一些指标内部之间的联动情况非常特殊。例如,经济持续增长但物价指数长期处于低位;居民收入上升但企业利润率下滑;消费上升而投资下降等。面对这些特殊情形,经济学理论意义上的"滞胀"和"通缩"都存在解释力不足的问题。在分析和解决这些问题的过程中,党中央、政府部门和理论界注意到,传统的需求管理存在一定程度的误区,迫切需要改善供给侧环境、优化供给侧机制。换言之,只有改革供给制度,才能更有效地激发微观经济主体活力,为社会经济的长期稳定发展注入新动能。在此背景下,供给侧结构性改革应运而生。

在古典经济学理论框架内,供给与需求形成了"矛盾统一体",二者互为表里,相依共存。从理论意义上来看,"供给侧"与"需求侧"应当得到同等的重视。但是,中国的国情社情较为特殊,资源禀赋、外部环境及政策目标与古典经济学理论框架出现了一定程度的背离。因此,从宏观经济管理的角度来看,在适当阶段侧重对供给侧发力势在必行。

供给侧结构性改革的根本内涵在于从供给端入手,通过经济结构的调整和要素配置的优化,切实提高经济发展的质量和效益。供给侧结构性改革的核心在于提高供给体系方面的管理水平,推动经济发展方式发生科学转变,使之切合需求结构的变化和社会发展的内在要求。也就是说,单纯地刺激需求已经落伍,注重提升生产要素的供给和有效利用势在必行。具体而言,供给侧结构性改革主要涵盖去产能、去杠杆、降成本、补短板等内容。

通过改革和创新提高供给质量,供给侧结构性改革有助于提高生产要素配置效率,促进产业结构优化,以及增强经济持续增长动力。这些内容与新质生产力关注的重点不谋而合,为新型生产力的孕育提供了理论前提和实践基础(陈佳恬和权麟春,2024)。

二、发展期

随着科技的进步和产业经济的发展,战略性新兴产业和未来产业的重要价值日益凸显,为中国经济发展注入了新的动力,也得到了自上而下的高度关注。

发展战略性新兴产业和未来产业具有以下几个方面的特殊意义。①推动经济转型。战略性新兴产业和未来产业体现了科学技术的发展方向,能够带动传统产业实现转型、升级和跃迁。这将积极带动经济结构的深层次迭代,进而实现国民经济的健康可持续发展。②增强创新能力。战略性新兴产业和未来产业与科技创新活力密切相关,科技成果转化是"题中应有之义"。从整体上来看,战略性新兴产业和未来产业将大大提高企业乃至国家的创新能力和核心竞争力。③满足社会需求。战略性新兴产业和未来产业能够更好地满足社会居民日益增长的多样化、个性化消费需求,这将提高人们的生活质量并带来社会进步。④应对全球竞争。在全球经济一体化的背景下,发展战略性新兴产业和未来产业有助于提升国家在全球产业链和价值链中的地位,从而增强在大国博弈中的话语权。⑤保障国家安全。在某些关键领域,如信息技术、生物技术、新材料等领域,战略性新兴产业和未来产业对国家安全具有重要影响。发展这些产业将构筑起一道产业屏障,这有助于保障国家经济安全和战略安全(刘萍和王傲雪,2024)。

进入新发展阶段,战略性新兴产业和未来产业的发展将带来发展新动能。从这个意义上来看,战略性新兴产业和未来产业是新质生产力的主力军。大量原创性、颠覆性科技创新的应用,可以为高质量发展提供强劲引擎。与此同时,传统产业发展过程中的惯性力量将为培育发展战略性新兴产业和未来产业提供坚实支撑。在创新力量的驱动下,战略性新兴产业和未来产业与传统产业之间的整合重组将持续发生,这将积极推动产业经济内部的良性循环,最终实现现代化产业体系的闭环发展。

三、形成期

2023年9月7日,习近平总书记在新时代推动东北全面振兴座谈会上公开提出了"新质生产力"这一概念。他指出:"积极培育新能源、新材料、先进制造、电子信息等战略性新兴产业,积极培育未来产业,加快形成新质生产力,增强发展新动能。"同年9月8日,习近平总书记在听取了黑龙江省委和省政府工作汇报后再次提到了"新质生产力":"整合科技创新资源,引领发展战略性新兴产业和未来产业,加快形成新质生产力。"

习近平总书记关于新质生产力的两次讲话引起了社会各界的高度重视,也引发了理论界对"新动能""新产业""新模式"等相关问题的深刻审视。

新质生产力与"新动能""新产业""新模式"有着共同目标,即推动社会经济的高质量发展。新质生产力强调生产效率和创新能力的提高,新动能强调新的增长点的培育,新产业能够提供新的增长支撑,新模式面向资源配置效率的提升。这些概念能够共同促进经济结构的优化和升级,进而实现经济的高质量与可持续发展。

新质生产力与"新动能""新产业""新模式"之间有着密切的内在联系。它们相互促进、相互依赖。新质生产力的发展需要新动能的推动,而新动能的形成又依赖于新产业的发展和新模式的应用。同时,新产业的发展和新模式的应用也为新质生产力的实现提供了条件和平台。

在新质生产力概念的形成阶段,政府有关职能部门与理论界发展了马克思主义理论关于"劳动者、劳动资料、劳动对象"三要素的解释,将之提高到了特定的理论高度。

传统生产力的概念与劳动者、劳动资料、劳动对象密切相关。在新质生产力概念下,这三个维度都发生了深刻变化。就劳动者而言,新质生产力概念体系下的劳动者突出知识型、技能型、创新型等特点，他们有着较强的认知能力与实践创造能力，具备与时代发展相吻合的创新素养。就劳动资料而言，计算机、互联网人工智能、虚拟现实和增强现实等具有科技密集特征的新型劳动资料取代了传统意义上的工业生产资料。同时，智能传感设备、工业机器人、云服务、工业互联网等也得到了越来越广泛的应用。就劳动对象而言，伴随科技的进步，新发现的自然物、技术含量更高的原材料、大数据等劳动对象有力地推动着传统产业的转型升级，以及战略性新兴产业和未来产业的发展（刘纯明和余慧，2024）。

四、成熟期

2024年1月开展的中央政治局集体学习是新质生产力概念完善的标志。习近平总书记从加强科技创新、完善现代化产业体系、推动绿色发展、构建新型生产关系、畅通教育科技人才良性循环等角度出发，对新质生产力的发展方向进行了高屋建瓴的擘画。从整体上来看，习近平总书记将新质生产力提升至"推动高质量发展的内在要求和重要着力点"的突出地位，这也标志着新质生产力理论框架的正式确立。

通过以上的回顾可以发现，新质生产力概念的形成是一个不断演进和发展的动态过程，这一过程的实践基础十分雄厚，理论内涵也非常丰富。它不仅为理解生产力与经济发展的本质规律提供了新颖的视角，也为产业经济的升级转型与社会经济的可持续发展提供了关键的理论指导。

从理论层面来看，新质生产力概念的提出和新质生产力理论框架的构建是对马克思主义生产力理论体系的丰富和完善。马克思主义生产力理论强调物质生产要素的投入与产出，新质生产力概念则将知识、技术、创新、管理等新型生产要素融入生产力理论框架之中，丰富了人们对生产内涵与外延的认识。这将大大增强生产力理论的解释力，从而使人们更深刻地认识当代社会经济发展中的新现象和新问题，如知识经济的兴起、创新驱动的发展模式等。同时，"新质生产力"概念的形成过程也体现并要求不同学科之间的交叉融合，如经济学、管理学、技术科学等，这将为社会经济高质量发展的跨学科研究提供新思路和新方法。

从实践层面来看，新质生产力概念的提出和新质生产力理论框架的构建对经济发展战略和政策的制定具有重要的指导意义。在新常态背景下，新质生产力理论能够为经济发展战略和产业政策的制定提供新的理论依据，使其更具科学性、前瞻性、针对性和实效性。随着新质生产力概念在经济发展过程中的"落地"，其作用将日益凸显。企业管理者会将创新驱动、技术进步、人才培养等作为发展战略的重要内容，同时会通过加大研发投入、加强知识产权保护等措施实现新质生产力的实体化。

从社会发展的层面来看，新质生产力概念的提出和新质生产力理论框架的构建有助于促进社会公平和达成可持续发展。新质生产力的发展将创造新的就业机会，提高劳动者的收入水平。同时，新质生产力强调绿色可持续发展，注重资源的集约使用与生态环境的保护,这将推动经济发展与生态环境实现协调共生,落实"绿水青山就是金山银山"的发展理念。

从国际竞争的角度来看,新质生产力理论框架的形成对各国在全球经济格局中的地位产生了不容忽视的影响。那些在新质生产力方面具有领先优势的国家和地区将能够在国际分工中占据高端位置,从而获取更多的、更好的发展机会和经济利益。从这个意义上来看,为了提升自身在国际竞争中的地位,全球各国都将积极培育和发展新质生产力。

新质生产力概念的提出和新质生产力理论框架的构建具有多方面的重要意义。它不仅丰富了对生产力的理性认识,为经济发展提供新的思路方法,也在实践中推动了企业创新、社会发展与国际竞争格局的演变。在未来的发展中,应继续深入研究和应用新质生产力理论,以实现经济社会的高质量发展和可持续进步。

第二节　新质生产力的本质内涵与基本框架

从本质上来看,新质生产力也是生产力的一种。但是,与传统意义上的生产力相比,它具有新的特质、新的内涵。它产生于新的发展格局,与经济高质量发展高度吻合,是具有中国特色社会主义的新型生产力。

一、新质生产力的本质内涵

在经济学的视域中,新质生产力意味着生产力的跃迁式发展。它以科技创新为主导,突出质量、效能、效率等方面的突破。与之相比,传统生产力时代的经济发展主要依靠资源的大量投入和资源能源的高度消耗。新质生产力在一定程度上摆脱了传统生产力的桎梏,为新的增长路径指明了方向,与高质量发展的要求具有内在的一致性。具体而言,新质生产力的主要内涵体现在以下三个方面。

(1)新质生产力是新时代党领导下先进生产力的特定表现形式。党的二十大报告提出,必须坚持科技是第一生产力、人才是第一资源、创新是第一动力,深入实施科教兴国战略、人才强国战略、创新驱动发展战略,开辟发展新领域新赛道,不断塑造发展新动能新优势,这深刻体现出党对科技推动生产力发展的规律性认识。科技创新必然意味着生产力的发展,同时也构成社会生产力系统内部的正反馈发展。在21世纪,科技创新的广度、深度和融合度有力地推动着生产力向更高水平攀升,这有助于打造面向新领域、提高科技含量、融入学科交叉、推动高质量发展的新质生产力,从而实现生产力的跃迁式发展和经济增长方式的迭代升级。

(2)新质生产力是新时代中国经济社会高质量发展的必然产物。党的十九大报告指出,当今社会的根本矛盾是人民日益增长的美好生活需要和不平衡不充分的发展之间的矛盾。

要解决这一矛盾,就要以科技创新为抓手,淘汰传统的高投入高消耗型增长模式,通过培育新动能、新产业、新模式来实现社会经济的高质量发展。在社会经济高质量发展的过程中,生产要素及其组合方式、资源配置机制、发展模式等都会持续革新。过去那种追求数量、存量的发展思想将被追求效率、增量的发展思想所取代,创新驱动发展将得到整个社会的高度重视,这会为新质生产力的培育和发展提供便利。

(3)新质生产力是引领全球创新性可持续发展的核心驱动元素。新质生产力以前沿科技和创新成果为基础,能够充分而有效地激发产业的升级与变革并塑造全新的生产方式与商业模式。这不仅会重塑传统产业并且会推动新兴产业的崛起,更能够为经济增长注入强大动力。从宏观角度来看,新质生产力将从底层逻辑的层面影响全球经济结构的转型与经济发展的演化。2020年以来,以人工智能、量子信息、移动通信、物联网、区块链等为代表的新一轮科技革命与产业变革快速推进,虚拟经济与实体经济相互嵌套,全球各国在产业、技术领域的竞争如火如荼。对中国而言,发展新质生产力,通过创新来带动社会经济的高质量发展,是打造发展新动能、提升国际竞争优势的不二之选。

二、新质生产力的总体框架

世界历史发展的经验表明,生产力是推动社会进步最基础、最灵活、最强劲的核心要素。解放和发展社会生产力是社会主义的根本任务,是中国特色社会主义道路的重要逻辑基础。党的二十大报告强调,必须坚持科技是第一生产力、人才是第一资源、创新是第一动力。实验室里的新技术,还需要借助新产业,不断形成推动经济社会发展的新动能。

(一)一个根本核心

"科学技术是生产力"是马克思主义的基本原理。马克思主义科学技术观是马克思及全球马克思主义者以研究科学技术的存在及其发展规律,促进科学技术与社会和谐发展为目标的理论体系。自第一次工业革命以来,科学技术在生产生活中的渗透程度不断提高,引发了劳动资料、劳动对象和劳动者素质的深层次变革,带来了层出不穷的社会进步。科学技术的进步能革新劳动资料,使其更高效、智能化。例如,先进的生产设备能够显著提高产品质量和生产效率。就劳动对象而言,科学技术能够在相当程度上拓展其范围和深度,提升已有资源的利用价值或者开发出新的资源。同时,科学技术能够帮助劳动者掌握新知识、新技能,从而提高劳动生产率和创新能力,最终表现为劳动者素质的显著提升。尤其值得指出的是,当关键性的科学技术实现重大突破并发生质变时,通常会对生产力核心因素起到激发作用并形成革命性的新质生产力。从这个意义上来看,先进科技及持续创新,是新质生产力的内在动力与源泉(施文华和戴建华,2024)。

早在20世纪，邓小平同志就深刻认识到了科学技术在生产力、经济发展和社会变革等方面的支配性作用并提出了"科学技术是第一生产力"的著名论断。新质生产力的提法，是这一论断的进一步发展。它不仅强调生产力在量的层面的变化，更强调其在质的层面的跃迁。在科学技术快速发展的背景下，成果转化速度日益加快，对缩短产品生命周期起到了有力的推动作用。当然，这也要求生产者具备高度的创新意识并主动发挥创新能力。只有这样，才能创造新的科学技术；也只有这样，才能在科学技术的全球竞争中占据一席之地。

习近平总书记指出，新质生产力的显著特点是创新。这种创新有两个内涵，即意识技术和业态模式层面的创新，管理和制度层面的创新。在未来的社会经济发展中，必须牢牢围绕创新这一主题做文章，推动新质生产力快速健康发展。具体而言，这涉及以下五个方面：大力推进科技创新、以科技创新推动产业创新、着力推进发展方式创新、扎实推进体制机制创新、深化人才工作机制创新。

当前，我们迎来了世界新一轮科技革命和产业变革同中国转变发展方式的历史性交汇期，人工智能、量子技术、生命科学、数字智能技术、绿色技术等一系列前沿科学技术正在为新质生产力的创新提供有力支撑。当然，我们既要认识到宝贵的时代发展机遇，也要看清巨大的挑战和压力；既要有落实新质生产力发展观念的信心，也要有战胜压力的毅力。

（二）两个重要遵循

新质生产力是一个全新的概念，但它不能脱离社会现实而孤立存在。在发展新质生产力的过程中，应当着力解决两个问题：其一，摆脱传统经济增长方式；其二，摆脱传统生产力发展路径。

摆脱传统经济增长方式需要社会各界的协同努力，通过科技创新、结构优化、人才培养、制度保障和绿色发展等途径实现新质生产力的快速发展。其一，以政策支持、制度保障和资金扶持等为抓手，加大对科技创新的投入，鼓励企业进行研发创新，推动技术进步和产品升级，摆脱以高投资、高资源消耗和低成本劳动力利用为特点的传统经济增长方式，切实提高生产效率和产品附加值。其二，发挥战略性新兴产业和未来产业的带动作用，降低对传统高能耗、高污染产业的依赖，在传统产业智能化、绿色化改造的基础上实现产业结构优化转型，逐步实现产业的高端化发展。其三，加强教育和人才培养。培养具备创新思维和实践能力的高素质人才，为新质生产力的发展提供智力支持。其四，推动绿色发展，实现经济增长与环境保护的协同进步。加强资源节约和循环利用，降低能源消耗和环境污染，推动经济增长方式向高质量、可持续发展的方向转变。

新质生产力追求更高效、可持续的生产方式，给出摆脱传统生产力发展路径的新答案，这需要从多个层面综合施策。其一，要树立全新的发展理念，全方位地认识传统生产力发展路径的薄弱环节与局限性，明确新质生产力的定位、目标和发展方向，在整个社会范围内形成科技创新至上的发展共识。其二，加强政策支持和引导。围绕新质生产力理论框架与国情社情制定宏观经济管理政策,从财政税收政策、货币金融政策等角度出发为新质生产力的发展提供刚性的制度保障。其三,优化资源配置。摒弃传统的粗放式资源利用模式,对新常态背景下的生产要素进行精准规划和高效管理,在保障区域发展平衡的前提下推动资源有序流动、合理分配和高效利用。其四,构建现代化的产业体系。顺应全球分工和国际经济竞争趋势,推动第一产业、第二产业与第三产业间的融合与协同发展,培育战略性新兴产业和未来产业,对传统产业进行改造、重塑和提升,推动产业向高端化、智能化、绿色化的方向发展。其五,完善市场机制。营造公平竞争、开放有序的市场环境,激发各类微观经济主体的活力和创造力。通过以上综合举措的协同推进,为新质生产力的发展创造良好条件,从而逐步摆脱传统生产力发展路径的束缚。

(三)三个基本逻辑

通过对习近平总书记新质生产力系列重要论述的学习和梳理,可以发现,这一发展概念有着坚实的逻辑支撑,是历史逻辑、理论逻辑和实践逻辑的统一。

从历史逻辑的角度来看,新质生产力由技术革命性突破、生产要素创新性配置、产业深度转型升级而催生。在科学家、技术人员、生产者的共同努力下,科学技术持续发生着"新陈代谢",即新的技术会替代、淘汰乃至毁灭旧的技术,最终带来社会生产力的提升。历次工业革命的发展经验也表明,划时代的颠覆性技术创新会带来生产力的突破,最终诱发经济社会的重大变革。在短短三四百年内,人类社会迅速完成了"工业化—电气化—信息化"的迭代升级。用历史的眼光来看,这背后的每一次飞跃都离不开工业革命、产业革命的推动。迄今为止发生的历次工业革命具有一些内在的相通之处:出现突破性的科学理论,出现新型生产工具,形成新的投资浪潮和就业平台,产业经济结构和社会经济发展方式得到优化升级,社会生产生活方式发生维度意义上的变革。在21世纪初,一场新的科技革命和产业革命正在开展。与以往不同,这场新的科技革命和产业革命以数据、网络虚拟空间为基础,以算力、算法、网络通信等为核心,以人工智能为技术奇点,以数字化、智能化、绿色化为方向,具有多领域技术群体突破、交叉融合,以及技术迭代速度加快、创新周期缩短等特征。这场新的科技革命和产业革命必然会造成生产要素配置方式的剧烈变化并对产业形态、产业结构、产业组织方式进行重塑,使产业经济的深度转型升级日新月异,最终反映为全新的生产力质态。

从理论逻辑的角度来看,新质生产力以劳动者、劳动资料、劳动对象及其优化组合的跃迁为重要内容。在马克思主义生产力理论体系中,劳动者、劳动资料、劳动对象是三个最基础的构成要素。在马克思看来,持续革新的科学技术会在劳动者、劳动资料、劳动对象之中渗透并带来社会生产力的改进。在吸收马克思主义生产力理论精华的基础上,习近平总书记对这三个要素进行了突破式创新。如前所述,在新质生产力概念中,劳动者、劳动资料、劳动对象都发生了深刻的变化。在未来的社会发展中,新一轮科技革命和产业革命会对生产资源、创新要素、技术研发及创新主体提出新要求并进行全方位赋能,这有助于实现生产要素的高效配置和优化组合,最终反映为全要素生产率的提高和新质生产力的螺旋式上升。

从实践逻辑的角度来看,新质生产力诞生于改革开放伟大实践进程,也将在未来的高质量发展过程中推动生产力的跃升。科学技术通常诞生于实验室中,只有移植到生产过程之中才能落实为真正的生产力。21世纪以来,中国科技事业快速发展,具体表现为全社会研发经费支出大幅增加、科学研究水平和学科整体实力大幅度上升、基础研究和战略高技术领域产出一批世界级科技成果、高新技术企业数量大幅增加等几个方面。可以说,这为新质生产力的形成和发展提供了可靠的实践支撑。在未来的社会发展中,我们应当坚持创新驱动、协同发展、绿色可持续、开放融合、以人为本等方针,为新质生产力的迭代升级提供有效的实践推动力(周文和李雪艳,2024)。

(四)四个发力点

二十届中共中央政治局第十一次集体学习时,习近平总书记重申了新质生产力的重要性并着重强调了"科技创新、产业和产业链、绿色发展、新型生产关系"四个要点。这一提法具有明确的方向指引特征,深刻地擘画了新质生产力的四个发力点,即原创性和颠覆性的科技创新、构建现代化产业体系、发展绿色生产力、形成新型生产关系。

第一,原创性和颠覆性的科技创新是发展新质生产力的关键。如前所述,每一次重大的工业革命和产业革命都伴随着原创性和颠覆性的科技创新,从而带来生产力的巨大飞跃。原创性和颠覆性的科技创新不仅有助于开辟全新的发展领域和市场空间,也能够激发创新生态系统的活力,还可以对现有产业进行根本性的改造和升级。可以说,原创性和颠覆性的科技创新是发展新质生产力的重中之重,无论如何强调都不为过。

第二,构建现代化产业体系是发展新质生产力的重要表现。一方面,构建现代化产业体系能够促进资源的优化配置,提高经济发展的质量。通过合理规划产业布局,加强产业间的关联和互动,实现资源的高效利用,可以为社会经济的高质量发展提供强有力的支撑。另一方面,构建现代化产业体系不仅意味着战略性新兴产业和未来产业的合理布局,也意味着传统产业的新生,能够引领经济发展的新方向,为新质生产力的发展提供了重要的载体与平台。

第三,绿色生产力是新质生产力的重要组成部分。在新质生产力的发展过程中,绿色理念和绿色技术的融入是不可或缺的。例如,新能源技术的研发、绿色制造工艺的应用可以实现资源的合理利用和环境的有效保护。绿色生产力不仅是新质生产力的一种表现,也是实现经济发展与生态平衡双赢的必然选择。与此同时,绿色生产力的发展也能够为新质生产力的培育创造便利条件。一个注重环境保护和资源节约的发展环境可以激发创新主体从社会责任感、生态资源保护等角度出发来打造更高效、更环保的生产方式和发展模式,这是新质生产力发展壮大的必由之路。

第四,发展新质生产力还需形成与之相适应的新型生产关系。在发展新质生产力的过程中,政府的"管理"和"服务"都十分重要。考虑到中国的国情社情,深化经济体制与科技体制改革、创新生产要素配置方式、扩大对外开放都十分关键。只有形成与之相适应的新型生产关系,发展新质生产力才不至于沦为空话。

以上四个要点互联互通、互为支撑,共同构成了推动新质生产力形成的基石。

(五)五个新发展理念

习近平总书记关于新质生产力的重要论述是马克思主义中国化进程中的重要里程碑,是习近平经济思想理论体系的有机组成部分,为新常态背景下中国经济高质量发展提供了新的路标。在由高速增长阶段转向高质量发展阶段,中国国民经济迫切需要新的理论指导。习近平总书记关于新质生产力的重要论述蕴含着一系列新发展理念,为推进全社会经济高质量发展奠定了理论基础。

其一,创新驱动发展理念。

如前所述,新质生产力之"新"首先就体现在科技创新方面。只有认识到创新在新质生产力中的核心地位,才能形成和秉承创新驱动发展理念。在新一轮科技革命、产业革命已发生的背景下,高度依赖资源投入和规模扩张来推动经济增长的旧模式应逐步被替代。

同时,要从技术创新、产品创新、管理创新、商业模式创新等维度出发来引领创新驱动发展的道路。在技术创新方面,新质生产力注重人工智能、大数据、生物技术、新能源等前沿科学技术的研发突破和创新应用。在产品创新方面,要以消费者不断变化和升级的需求为切入点,提供高品质、个性化和智能化的产品解决方案。在管理创新方面,要摸索出符合中国国情社情的战略范式、决策机制、组织架构、管理流程,全面提高管理效率和经营灵活性。在商业模式创新方面,要积极探索新的盈利模式和价值创造方式,为新质生产力的发展提供全新的动力、保障。此外,创新驱动发展理念还要求建立一个有利于创新的生态系统,包括健全的知识产权保护制度、足额的研发投入、高素质的人才队伍及激发创新的文化氛围(陈绍辉和孙熙国,2024)。

其二,绿色可持续发展理念。

新质生产力与绿色可持续发展理念紧密相连。在21世纪,生态环境问题已经受到各国的高度重视。人们越来越认识到,经济发展固然重要,但资源的合理利用、环境保护和生态平衡也不容忽视。在新质生产力理念下,过去那种以破坏环境为代价来追求短期的经济增长的发展模式将被淘汰,经济、社会和环境的绿色可持续发展将成为主旋律。

将绿色可持续发展理念贯彻到生产过程中,就要求清洁生产技术和工艺得到广泛应用,只有这样,才能减少能源消耗和污染物排放,最终实现资源的循环利用。例如,大力发展新能源产业可以逐步减少对传统化石能源的依赖并减少温室气体排放。再如,推广绿色交通和绿色建筑,可以有效降低能源消耗并减少污染物排放。

同时,绿色可持续发展理念体现在新时期产品的整个生命周期之中。在"原材料采购—生产制造—包装—物流运输—消费使用—废弃处理"的整体链条上,对环境的影响都应当被纳入考量范围之中。此外,要营造绿色可持续发展的文化氛围,鼓励消费者选择绿色环保产品,形成绿色消费模式,激励企业生产更加环保的产品。

绿色可持续发展理念还要求加强生态保护和修复,积极维护生态系统的稳定性和物种的多样性,为经济社会发展提供良好的生态基础。

其三,协调共享发展理念。

新质生产力强调技术创新与社会发展的协调共进。新质生产力强调技术进步,但同样强调经济、社会、环境等多维度的协同发展。科技创新可以起到优化资源配置的作用,这不仅可以打破传统产业的边界,还可以促进不同领域之间的融合与协同,从而实现整个社会经济体系的均衡发展。

新质生产力的发展过程必然伴随着科学技术知识的传播过程。在传统媒体及各类新媒体力量的推动下,这些科学技术知识将实现在整个社会范围内的共享。从理论上来看,几乎所有社会成员都有机会参与到创新和发展的过程之中。相比于过去,这不仅降低了参与科学技术研发与传播的门槛,更拓展了与科学技术相关的发展机会。无论是大型企业还是小微企业,无论是发达地区还是欠发达地区,几乎所有社会成员都能在新质生产力的浪潮中受益。这将大大减少区域之间、不同主体之间的发展差距,从而实现更公平、更协调的发展。

新质生产力还有助于构建更加包容的发展模式。在新质生产力的发展过程中,多元主体的参与和合作非常关键。只有充分调动有关各方的积极性、主动性和创造性,才能打破过去条块分割、利益集团林立的既有格局,让不同的利益相关者共同为新质生产力发展贡献力量。在新的利益分配格局中,每一位社会成员都有机会分享新质生产力带来的发展成果,最终形成互利共赢的新型社会发展格局。

协调共享发展理念旨在实现社会的全面进步、公平发展和共同繁荣,真正构建起命运共同体,推动整体社会朝着更加和谐、可持续的方向发展。

其四,开放合作发展理念。

新质生产力具有强烈的开放性和合作性。在全球化时代,所有的国家和地区都主动或被动地参与到全面的发展和进步过程之中,开放与合作势在必行,自我封闭则毫无前途可言。开放合作发展理念意味着积极参与国际经济合作与竞争,利用全球资源和国际市场为己服务,最终实现优势互补和共同进步。

开放合作发展理念与国际贸易息息相关。在国际贸易框架下,商品、服务、资本和信息能够实现自由流动和充分流动,这有助于在一个全球化的发展格局中进行资源的高效配置。通过国际合作开展联合研发、技术交流和人才培养,无疑将大大提升科学技术的研发效率。

开放合作发展理念还要求建立公平、透明、包容的国际经济秩序,推动多边贸易体制的完善和发展,反对贸易保护主义和单边主义,促进全球经济的稳定和繁荣。

其五,以人为本发展理念。

新质生产力始终将人的发展放在核心位置。在劳动资料、劳动对象和劳动者之中,劳动者无疑占据着最为重要的地位,在 21 世纪更是如此。在新质生产力理论框架下,人的创造力和智慧更应当被视作推动生产力发展的最关键因素。

在新质生产力的发展过程中,以人为本的发展理念体现在注重提高劳动者的素质和技能、为劳动者提供良好的工作环境和发展机会、激发劳动者的积极性和创造性等方面。当然,这也要求企业管理者关注劳动者的需求和福祉,生产出更符合他们需求的产品,切实提高每一位劳动者的生活质量。

在企业管理中,以人为本意味着尊重员工的权益,鼓励员工参与决策,营造良好的企业文化和团队氛围。在社会发展中,以人为本要求将人的发展作为制定政策和规划的出发点和落脚点,关注人的全面发展,包括教育、健康、文化等方面。

总之,新质生产力发展中所蕴含的这些新型发展理念相互关联、相互促进,共同构成了一个有机整体。在实践中,只有贯彻这些理念,才能实现社会经济的高质量发展。

第三节 新质生产力面向的问题

习近平总书记之所以要提出新质生产力概念,目的在于解决社会经济发展中的新问题。具体而言,新质生产力所体现的问题主要集中在以下几个方面:它与传统生产力的区别、科技背景与产业形态的新特征、如何在制度上进行创新以适应经济形势变化等。以下从"科技创新与驱动""产业升级与转型""资源与环境可持续""经济增长及发展质量""社会就业与劳动力素质""国际竞争与合作"六个方面进行详细阐述。

一、科技创新与驱动

根据习近平总书记关于新质生产力的论述,新质生产力对科技创新的依赖程度非常高。可以说,科技创新是新质生产力最为关键的驱动力。从某种意义上来看,传统生产力模式下技术瓶颈与创新不足的现实问题构成了新质生产力出现的重要背景。新质生产力聚焦于人工智能(AI)、量子计算、生物技术、新能源技术等前沿科学技术的研发与应用。根据人类生产力发展的经验,先进的科学技术总是能够有效突破过往生产方式中的薄弱环节并带来生产质量和生产效率的同步提升。

一个众所周知的事实是,科学技术的研发具有投入大、风险高的特点,且技术应用成果转化过程十分复杂。其中,科研资源的高效配置、研发失败的应对、知识产权的保护、产学研的深度融合、技术的市场转化、全球科研竞争优势的获得与保持等都是十分棘手的难题。

从整体上来看,科技创新为新质生产力的诞生和发展提供了无可替代的动力引擎。这一判断具有深刻的理论和实践依据。

首先,科技创新能够极大地提高生产效率。新技术的应用,通常会带来生产方式、制造流程的深层次改变,这有助于实现自动化、智能化的生产模式,进而降低人力和资源等生产要素的投入。例如,工业机器人的普及使用能够全面提高制造业的产品质量与生产效率;将大数据和人工智能技术应用于物流领域可以带来配送路线和库存管理的优化,从而带来运营成本的降低。总之,在相同的时间和资源条件下,科技创新成果可以帮助企业创造更大的产值,这也是发展新质生产力必要性的体现。

其次,科技创新催生了新的产业和业态。从网络的普及到电子商务的崛起,从新能源的开发到生物技术的突破,科技创新持续创造着新的市场增长点和广阔的经济发展空间。这不仅创造了大量的工作岗位,还有力地推动了相关产业的协同发展、集群发展。以能源存储技术为例,锂离子电池、液流电池等技术的运用使得能源可以跨时间、跨空间地进行存储和释放。它们有效地解决了可再生能源能量密度低、稳定性与可靠性差、集中性不高等问题,对可再生能源的大规模应用起到了有力的促进作用。

再次,科技创新促进了资源的优化配置。在信息通信技术的作用下,资本信息、生产信息、市场信息等能够更加快速准确地进行传递,这推动资源向主体更高效、需求更迫切、效率更高的领域进行流动。与此同时,科技创新也有助于开发新的资源和提高资源的利用效率。例如,新材料的研发使得资源的替代和循环利用成为可能。这不仅在一定程度上缓解了资源短缺的压力,也为新质生产力的持续发展提供了可靠保障。

此外,科技创新推动了知识和技术的生产、积累与传播。在探索与创新的过程中,广大科研人员积累了大量的科学技术知识和操作经验。这些科学技术知识和操作经验会通过教育、培训和交流等途径在整体社会范围内进行广泛传播,这有助于培养一批具有创新能力、技术管理能力和生产操作能力的高素质人才,从而形成创新导向的产业生态系统。这些高素质人才会进行新一轮的科技创新,这就形成了一种良性循环,为新质生产力的迭代发展提供持续的智力支持。

最后,科技创新改变了人们的生活方式和消费需求。5G通信技术、量子计算、人工智能、新能源汽车、3D打印、无人机技术、区块链技术等科技创新成果不仅提高了社会居民的生活质量,还创造了一系列新的消费需求。为了满足这些新的消费需求,企业会自发地进行创新研究与绿色生产,这就会有力地促进新质生产力的螺旋式上升。

综上所述,科技创新在提高生产效率、催生新兴产业、优化资源配置、推动知识传播与创造新的消费需求等方面发挥着重要作用,为新质生产力的诞生和发展提供了源源不断的强大动力。在未来的社会发展中,应继续加大对科技创新的投入和支持力度,充分发挥其引领作用,推动新质生产力持续发展,为国民经济与社会进步做出新的贡献。

二、产业升级与转型

新质生产力意味着一种植根于科技创新、技术进步和生产要素优化组合的强大生产能力。它能够突破传统生产力的限制,以全新的效率、突出的质量和绿色可持续的方式创造价值。产业升级转型则是指产业结构的优化和转变,是一个从低技术水平、低附加值、低效率的产业形态向高技术水平、高附加值、高效率的产业形态演进的过程。它通常涵盖技术迭代、产品质量改进、价值链升级、产业结构调整、经营模式重塑、资源配置优化等内容。

在2020年以后,经济增长放缓、市场竞争趋于白热化、资源环境约束等一系列问题给传统产业的发展带来了沉重压力,转型升级刻不容缓。新质生产力的出现,为传统产业的转型升级提供了新颖的思路、独特的路径和强大的动力。它不仅能够推动传统产业向绿色化、智能化、高端化的方向发展,还能够促进制造业与服务业实现深度融合,培育新兴产业和新型业态。

当然,产业转型和升级不可能自发地实现,也不可能一帆风顺。同时也应当注意到,既有产业利益格局的束缚、技术和精英人才的短缺、基础设施的不匹配等一系列挑战也意味着沉重的现实压力。此外,分析市场需求、判断产业发展趋势、制定配套的产业政策、引导资源向新质生产力领域集聚等也是不容回避且较为棘手的瓶颈问题。

在全球经济快速发展与科学技术日新月异的背景下,新质生产力与产业升级转型之间密切且相互促进的关系值得引起高度关注。

新质生产力为产业转型升级提供了强大的动力和支撑。如前所述,作为新质生产力的发展引擎,科技创新有力地推动着技术的创新、进步和突破。在科技创新的帮助下,企业可以采用较为先进的生产工艺和更高效的管理模式。例如,智能制造技术的应用能够全方位地提高产品质量和生产效率,使传统制造业转型为智能化、自动化、高端化的先进制造业。同时,新质生产力带来的大数据、人工智能、生物技术等新兴技术和新型业态为产业转型升级铺平了道路,开辟了新空间。与传统产业相比,这些战略性新兴产业有着高附加值、广延展性、高成长性等特点,能够带动整个产业链的转型升级。

新质生产力的发展有助于提升产业的竞争力。当今企业所面临的竞争已经是全球范围内的市场绞杀,谁拥有先进的生产力,谁就会在成本、效率、产品及服务等方面先人一步。这不仅可以帮助企业构筑特定的竞争优势,还可以间接提高所在产业的整体竞争力。例如,凭借在新质生产力方面的领先优势,美国、日本、德国等国家的企业在高端制造业、信息技术等领域获得了巨大的竞争优势,实现了产业的跨越式发展。

反过来,产业转型升级也能够为新质生产力的发展创造有利条件。在产业转型升级的过程中,企业必然会聘请、培养一批高素质人才,同时也会加大研发方面的投入力度,这将为新质生产力的培育和发展提供智力、资本层面的支持。此外,产业转型升级过程中,企业也有必要进行生产方式、制造流程及商业模式等方面的创新配套,这将持续激发新质生产力的潜力并带来新的突破。

同时,产业转型升级有助于优化资源配置。国内外学者的研究结果表明,传统产业领域内的企业普遍存在资源利用率不高、附加值低、生态环境污染严重等问题(耿子恒等,2024)。在转型升级的过程中,一批落后的产能将被淘汰,资本、人力、信息等生产要素将向更具优势的新兴产业流动。通过生产要素的科学配置,资源利用效率将得到有效提高,对生态环境的破坏也会大大降低,这对经济的高质量发展大有裨益。当然,这也恰恰契合了新质生产力高效、绿色、可持续发展的理念。

然而,在推动新质生产力发展和产业转型升级的过程中,风险和挑战也无处不在。例如,技术创新会面临研发失败风险、市场接受度风险、技术过时风险、知识产权风险、法规和政策风险、竞争对手风险、技术依赖风险等一系列不确定性。这要求我们充分认识新质生产力与产业转型升级之间的逻辑关系,有针对性地制定科学合理的政策,持续加大对科技创新和人才培养的支持力度,加强产业引导和资源配置,就能够在一定程度上消除其中的风险因素,实现经济的高质量发展。

总之,新质生产力与产业转型升级相辅相成、相互促进。我们应积极拥抱新质生产力,着力推动产业转型升级,以适应经济发展的新趋势和新要求,为实现经济的持续繁荣和社会的进步做出积极贡献。

三、资源与环境可持续

工业革命以来,多数国家的生产力都实现了飞跃。但是,资源的过度消耗与环境的严重破坏也越来越引起人们的不满。在21世纪,传统生产力模式的一些弊端不断显现。相比之下,强调资源高效利用与环境友好保护的新质生产力更受欢迎。在新质生产力理念下,解决资源短缺、环境污染、生态破坏等问题刻不容缓,经济发展与生态保护的协同共进也成为了全球各国的共同选择。

从资源角度来看,在技术创新和生产要素优化配置的推动下,新质生产力能够切实提高资源的利用效率。例如,新能源技术的发展降低了整个社会对传统化石能源的依赖程度,绿色清洁能源的开发和利用则大大减轻了资源短缺的压力(贾康和郭起瑞,2024)。

在环境可持续方面,新质生产力推动着产业结构的转型和升级,高能耗、高污染、低附加值的产业将逐步被社会所淘汰,绿色、低碳、环保的新型产业将迎来宝贵的发展机遇。同时,新的生产工艺和技术能够有效减少污染物的排放,从而缓解对生态环境的负面影响(王如玉和梁琦,2024)。

此外,新质生产力还能为资源与环境可持续提供经济基础和技术支持。经济的增长能够带来社会闲余资金积累,这将有机会被应用于环境保护和资源节约的项目投资。同时,先进的科学技术可以为资源和环境问题提供周密的方案和配套的手段。

资源与环境可持续也会对新质生产力的发展产生倒逼作用。也就是说,当资源环境约束达到乃至超过环境承载力的限度时,传统的生产方式会显得非常不合时宜。彼时,整个社会将发现,只有靠科技创新来突破这一困境。受此影响,政府、社会组织和企业会加大在科技研发、人才培养等方面的投入,这将对新质生产力的发展起到一定程度的推动作用。

总之,新质生产力和资源与环境可持续之间存在着相辅相成的关系。只有积极推动新质生产力的发展,才能实现资源与环境的可持续利用,进而保障人类社会的长远发展。

四、经济增长及发展质量

新质生产力与"经济增长及发展质量"之间存在密切的逻辑关系。新质生产力强调的是生产效率和质量的提升,而非仅仅数量的增加。

首先,新质生产力是推动经济增长的重要动力。在科技创新力量的推动下,新质生产力能够为整个社会带来全新的产品和升级的服务。这不仅能够满足社会居民不断变化的物质及精神需求,还能有力地促进社会经济的持续增长。例如,通过引入人工智能进行质量检测和设备维护预测,制造业企业大大提高了生产效率和产品质量。这不仅增强了企业的市场竞争力,也间接地促进了整个行业的经济增长。

其次,新质生产力有助于提升发展质量。通过提高生产效率、降低成本、优化资源配置等,新质生产力提高了经济发展的质量和效率。这种提升不仅表现在经济效益上,在社会效益和环境效益上也会有所表现。例如,通过智能制造技术的应用,企业能够实现精益生产。这不仅降低了资源消耗,也提升了整个社会的生产水平和社会居民的生活质量。

同时,经济增长及发展质量的提升也为新质生产力的发展提供了条件。经济的增长会推动社会居民收入水平的提高,整个社会对高质量产品和服务的需求也会随之水涨船高。在需求的刺激下,企业将有动力来进行产品、技术和管理等方面的创新,这必然会推动新质生产力的发展。

此外,新质生产力的发展还能够促进经济结构的优化和升级。在技术创新的推动下,传统产业将逐步完成转型升级并向高附加值的方向发展,这有助于在一定程度上改善产业结构和经济结构。这种结构上的优化必然带来经济发展质量和效益两个层面的提升,最终会进一步推动新质生产力的发展。

然而,经济结构转型升级并非是一帆风顺的自然进程,调整的阵痛、就业结构的变化、区域发展不平衡等问题会带来新的压力。如何在保持经济稳定增长的同时实现发展质量的稳步提升并促进经济健康可持续发展,是发展新质生产力过程中的一道难题。

从整体上来看,新质生产力与经济增长及发展质量之间存在着相互促进、相辅相成的关系。新质生产力的发展能够推动社会经济在量和质两个方面实现提升,这又将为新质生产力的发展提供源源不断的动力。只有围绕新质生产力提高全要素生产率,才能在资源有限的情况下实现更多产出,进而实现社会经济的高质量与可持续发展。

五、社会就业与劳动力素质

新质生产力的发展会带来产业结构和就业结构的深刻变化,一方面创造了新的就业岗位和职业类型,另一方面也对劳动力素质提出了更高的要求。从积极意义的角度来看,这会在整个社会范围内提升劳动者的素质并带来人才队伍的优化配置。从消极意义的角度来看,这必然会淘汰一批传统的工作岗位,在短期内会造成就业率的下降。针对这一情况,应当有预见性地根据社会发展需要解决劳动力的教育培训、职业转换、就业服务等问题,以适应新质生产力发展带来的就业市场变化。同时,应当加大《中华人民共和国劳动法》的落实力度,切实保障劳动者的合法权益。

六、国际竞争与合作

在全球化背景下,新质生产力的发展不仅是国内经济转型的需要,也是参与国际竞争与合作的关键。为了在未来的全球竞争中占据一席之地,各国政府会纷纷加大在新质生产力领域的投入力度并积极抢占技术制高点。

在国际竞争中,新质生产力面临着贸易保护主义、技术封锁、标准制定权等方面的挑战。这必然意味着地缘博弈的开展和国际秩序的重塑。同时,也需要通过国际合作来实现资源共享、优势互补和全球性问题的共同应对。如何在复杂的国际环境中提升自身的竞争力并拓展有效的国际合作空间,是新质生产力发展过程中必须加以考虑的重点问题。

总之,新质生产力的发展是一个系统工程,涉及经济、社会、环境等多个领域的协同创新和变革。解决好上述问题,将有助于充分释放新质生产力的潜力,推动经济社会的高质量发展。

第四节 新质生产力的核心特征

新质生产力是一个动态发展的概念,其核心特征随着技术进步和社会变迁而不断演变。把握这些特征,有助于更好地理解和应用新质生产力,推动经济社会的持续发展。

其一,创新性。

前文多次强调,创新是新质生产力的本质特点。从这个意义上来看,没有创新就没有所谓的新质生产力。"新质"就是新的质态、新的形态、新的形式,这个关键要点就在于强调和要求生产力水平要有质变而不仅仅停留于量变。新质生产力要求劳动者、劳动资料、劳动对象、生产要素及生产关系等方面都要有所创新并进行优化组合。新质生产力植根于改革开放伟大实践,植根于知识经济时代根本特点,植根于中国式现代化和数智化时代发展要求。它是一种代表科学技术高度发展水平的先进生产力,是以人工智能和机器人为新生产工具,以数据等为新生产要素,以高素质人才、企业家、科学家为主要劳动者,以新材料、新能源为主要劳动资料和劳动对象,以战略性新兴产业和未来产业为新载体,以培育发展新动能为目标的新型生产力(王如玉和梁琦,2024)。

在新一轮科技革命与产业革命的浪潮中,过去那种依靠资源要素堆量来获得短期发展的模式已经不可持续,也难以为中国社会经济的高质量发展提供足够的动能。这就要求我们在劳动、资本、土地、知识、技术、管理、数据等生产要素上进行深层次、革命性的创新,最终实现生产力方面的与时俱进的拓展。

其二,融合性。

目前,社会分工高度发达,国民经济分门别类,不同领域的技术更是数不胜数。在经济和技术发展过程中,不同领域的生产力要素,如技术、资本、劳动力等会发生横向、纵向等多个维度的交叉、创新与整合,最终形成新的生产方式和经济模式。这不仅是新质生产力的重要来源,也是其融合性的重要体现。同时,互联网、大数据、云计算等信息技术广泛应用于传统产业,使其向数字化、智能化、绿色化的方向转型。

技术之间的交叉融合也为新质生产力带来了新的机遇。生物技术与信息技术的融合促进了生物信息学的发展,为生命科学研究和医疗健康产业提供了强大的工具;新能源技术与材料技术的融合推动了新型能源存储和转换设备的研发,提高了能源利用效率。

在新质生产力理念下,不同产业之间的界限变得模糊,产业之间不断融合。例如,互联网和农业的融合催生了一大批新产业、新技术、新业态、新模式,不仅大大提高了生产效率,更推动了一些基于新型消费场景的农业发展模式。

此外,资本与技术的融合、产业的全球化融合也不容忽视。例如,在新质生产力的驱动下,不同国家和地区的生产力要素得以在全球范围内流动和整合,形成了交叉联系的产业链和深度合作的创新网络。

其三,高质量。

高质量反映了新质生产力追求的发展质量和效益。这种发展模式强调产品和服务的高附加值,以及经济增长的质量和效益,而非单纯的数量增长。高质量发展旨在满足人民对美好生活的需求,推动经济结构优化升级,实现经济社会的全面、协调、可持续发展(黄鑫昊和李迪,2024)。

其四,高效性。

新质生产力以高效为重要追求,能够在更短的时间内创造更多的价值。在强调生产力改进的同时,生产效率的提升也不容忽视。在发展新质生产力的过程中,先进的生产设备、自动化的生产流程、智能化的管理系统等会带来生产时间的节约和单位时间内产出的增加。

例如,人工智能技术辅助下的自动化生产能够实现不间断作业,这将有效降低劳动者的精力投入并在一定程度上减小生产误差;智能物流系统能够优化货物的运输和配送路径,这将在降低物流成本的同时大幅度提高物流效率。

资源利用效率的显著提升也是新质生产力高效性的重要体现。清洁型新技术新工艺的引入,不仅可以实现资源的使用,还可以减少浪费和生产污染。例如,工业废水回收利用技术可以减少对水资源的消耗,同时还降低了对生态环境的污染程度;可再生能源的开发和利用提高了能源供应的稳定性和可持续性,也在一定程度上提高了资源利用效率。

新质生产力还能激发独特生成优势的知识生产效率。在知识经济时代,数据成为一种重要的生产资源,结构化的数据库和非结构化数据的算法大大提升了数据信息的存储加工水平,这必然会带来知识生产效率的大幅提高。受此推动,各种相关性规律被发现,人们也会从新的视角认识世界并提出更多新的观点、新的论断。当前,以ChatGPT为代表的生成式人工智能大模型快速迭代,将在更深层次广泛赋能各行各业,知识生产效率将大幅提升,这又会进一步反哺新质生产力。

除此之外,新质生产力还能够提高决策效率。基于大数据和智能分析的决策支持系统能够快速对海量信息进行分析和处理,从而给企业和政府的决策提供可靠的信息支撑,这不仅能够提高决策的科学性和有效性,还可以有效规避决策风险。

其五,绿色性。

新质生产力的绿色性是指在现代生产力发展过程中,强调生态环境保护和资源可持续利用的特性。可以说,绿色可持续是新质生产力的重要内涵之一。在新质生产力的发展过程中,资源节约和环境保护是重中之重。这一特征体现了新质生产力发展超越了经济效益最大化的要求,同时也将环境保护和资源节约作为重要目标,形成了以绿色发展为核心的新型生产力属性。

首先,绿色性体现了生产活动对生态环境的影响控制。在传统生产模式中,废气、废水和固体废物对生态环境造成了难以弥补的破坏。新质生产力理念则要求在生产活动中采取有效措施减少污染物排放,如使用环保材料、引入清洁生产技术、改进生产流程、推行废物回收利用等,这可以从源头上、从根本上减少对生态环境的破坏。

其次,绿色性强调资源的高效利用和循环经济。相对于庞大的人口基数而言,资源的稀缺和环境的宝贵都是不言而喻的。在发展新质生产力的过程中,注重资源的节约和再利用是一种必然选择。例如,通过循环利用废料和副产品来生产新的产品,制造业企业可以实现资源的闭环流动。这不仅节约了原材料费用,还可以减少生产过程对生态环境的负面影响。

再次,绿色性的实现还有力地促进了技术创新过程。新质生产力推动了可再生能源技术、节能技术等绿色技术的研发和应用,使得生产过程更加环保,生产出的产品也更符合绿色标准。同时,绿色消费理念的兴起也推动了新质生产力的绿色发展。也就是说,消费者对绿色产品和服务的需求不断增加。这会促使企业加大在绿色产品方面的研发热情与生产投入,进而推动整个产业链向绿色化转型。

最后,绿色性的实现还需要引导社会力量承担社会责任的参与。对于政府而言,需要通过制定环保法规、提供绿色补贴和推动绿色认证等措施来引导企业和社会公众参与绿色发展。对企业而言,绿色性意味着社会责任的承担,也就是要积极响应绿色生产的号召,以ESG(environmental, social and governance,环境、社会和治理)为抓手提升自身的环境管理水平。对于社会公众而言,绿色性的实现要求从身边的一点一滴来进行生态环境的保护和资源能源的集约使用。

新质生产力的绿色性是对生产力发展的一个关键拓展,它将环境保护和资源可持续利用作为核心诉求,促使生产活动更加生态友好。通过提高资源利用效率、保护生态环境、推动技术创新及获得政策支持,绿色性正逐步成为未来生产力发展的重要方向。

此外,也有一些学者从其他方面对新质生产力的特征进行归纳。

面向新兴领域。在新一轮科技革命和产业革命的带动下,高新技术群不断涌现,在社会经济体系内部拓展、衍生出了一些新的领域,包括认知域、物理域、信息域、产业域和资本域等。在政府及微观经济主体的推动下,这些领域交叉互动,进一步推动了生产力的发展。

面向未来产业。从生产力理论的角度来看,重大科技进步必然反映为劳动工具、劳动对象及劳动者素质的跃升,进而带来产业结构的快速优化升级和劳动生产率的极大提高。当然,这也是社会经济发展的重要动力源。作为当前先进生产力的最新表现形式,新质生产力的背后是一大批战略性新兴产业和未来产业的蓬勃兴起。在进入特定的产业生命周期阶段后,战略性新兴产业和未来产业有可能演变为主导产业和支柱产业。在这一点上,根据人工智能、工业互联网、大数据等新技术衍生出的新产业都不例外。

着力高质量发展。新质生产力是推动经济高质量发展的重要力量,通过不断地创新和融合,为经济的持续健康发展提供支持(余清项等,2024)。在提升经济效益、推动创新、促进绿色发展、增强社会责任、优化资源配置,以及提高国际竞争力等方面,新质生产力与高质量发展具有内在的一致性和高度的互补性。新质生产力为实现高质量发展提供了重要的支撑和推动力,高质量是新质生产力发展的内在要求,两者相互促进,共同推动经济和社会的协同发展。

第五节 新质生产力的制度支撑体系

从制度经济学的角度来看,制度支撑体系通常能够起到规范行为、保障权益、促进发展、风险控制、促进合作、提高效率、维护稳定、推动改革等作用。对于新质生产力而言,制度支撑体系能够为其发展提供必要的保障。①保障与促进。通过提供政策、法律、金融、信息等方面的支持,制度支撑体系能够有效促进新质生产力的发展。例如,知识产权保护制度能够对科技创新起到激励和维持的作用。②规范与引导。通过规范市场行为和引导资源配置，制度支撑体系能够为新质生产力的发展保驾护航。例如，产业政策可以引导资本和人才流向关键领域和战略性新兴产业，在发展初期提供一定程度的制度导航。③激励与约束。通过激励机制和约束条件的引入应用，制度支撑体系不仅可以激发个体和组织的创新活力，还可以对市场失序行为构成制度约束。例如，《中华人民共和国反垄断法》可以在一定程度上打击恶性竞争行为，这也可以激励企业进行正当的市场竞争。④反馈与优化。制度支撑体系的落实可以发现有关政策及新质生产力发展过程中的不足与问题，进而对其进行优化和改进。例如，通过对政策实施过程的评估，可以发现有关主体在新质生产力发展过程的问题，从而有针对性地进行反馈调整。⑤创新与引领。通过创新政策和法规，制度支撑体系引领新质生产力的发展方向。例如，通过制定前瞻性的科技发展规划，可以引导资源向未来潜在的增长点集中。

新质生产力的发展离不开完善的制度支撑体系，以下分别进行阐述。

其一，产业政策制度。产业政策对引导和促进新质生产力的发展具有重要作用。首先，为战略性新兴产业和未来产业的发展进行具有前瞻性的、系统性的规划引导。政府可以利用自身在宏观管理、经济发展趋势洞察、信息收集与分析等方面的优势明确具有发展优势的新兴产业领域并给予精确的政策扶持，如新能源、新材料、生物医药等领域。其次，推进传统产业的转型升级。通过财政补贴、税收优惠等政策，政府可以有针对性地引导传统产业的一些企业引入新技术、新工艺，在提高生产效率和产品质量的同时向价值链前端迁移。此外，优化产业布局。政府可以在分析资源禀赋分布情况和区域社会经济特点的基础上对产业发展进行科学布局，形成集群互动、协同发展的产业格局。最后，加强产业监管。通过建立健全产业标准和行业规范，防止低水平重复建设与恶性竞争，为各产业内部新质生产力的发展提供制度性的规范约束。

其二，金融支持制度。金融扶持政策是推动新质生产力发展的重要手段。通过发挥资金支持、分担风险、激励创新等作用，金融扶持政策能够为新质生产力的发展提供资本支撑。一方面，建设完善、规范、多层次的资本市场。长期以来，国内企业尤其是中小企业普遍性地面临融资渠道不畅通的问题。在发展新质生产力的过程中，有必要发展知识产权融资、股权融资、债券融资等途径，积极拓宽企业融资通道，减轻其资金压力。另一方面，创新金融产品和服务。围绕新质生产力这一主题，金融机构可以研发知识产权质押贷款、专利保险、科创基金、供应链贷款等特色金融产品，充分满足科技创新企业在不同阶段和领域的金融服务需求。同时，建立风险投资机制。鼓励风险投资机构投资初创型科技创新企业，实现创新风险方面的对冲和分担，在分享创新收益的同时稳定管理者的信心。此外，加强金融监管，防范金融风险，在保障金融体系稳定运行的前提下为科技创新企业创造良好的外部金融市场环境。

其三，市场准入与竞争制度。公平有序的市场竞争环境有利于新质生产力发展活力的激发。首先,放宽市场准入。砍掉非必要的行政审批环节,降低市场准入门槛,鼓励各类微观经济主体有序参与到新质生产力背景下的市场竞争中来。其次,加强反垄断和反不正当竞争的执法力度。维护市场竞争秩序,防止垄断企业阻碍创新和竞争,严厉打击各类侵权行为。再次,建立公平竞争审查制度。对政策措施进行审查,坚决打击扰乱市场竞争的行为。

其四,科技创新制度。科技创新是新质生产力发展的核心驱动力,建立健全科技创新制度势在必行。首先,切实加大科研投入力度。政府应当在发挥自身优势的基础上带动金融机构、社会资本管理机构、中介组织等力量共同投入科研的过程之中,通过设立"卡脖子"技术专项科研基金、研发外包奖励专项基金、专精特新定向科研基金等形式鼓励企业增加研发经费,进一步提高全社会的研发投入强度。同时,优化科研经费的分配机制,确保资金流向关键领域,应用于研发前沿技术,严厉打击那些套取国家科研资金的学术不端行为。其次,打造高效的产学研合作机制。在高校、科研机构与企业之间建立合作平台和信息通道,推动相互之间的深度合作,使科技成果能够快速转化为现实产品并投放到市场中去。此外,制定优惠政策,吸引国内外优秀人才投身科技创新领域,为新质生产力的发展提供恰当且充足的人力资本支撑。

其五,教育与人才培养制度。在新质生产力的发展过程中,高素质人才是关键性因素。没有一支高素质人才队伍,新质生产力就将成为无源之水、无本之木。所以,有必要完善教育与人才培养制度。首先,改革教育体制。围绕创新能力、实践能力和跨学科素养的培养,积极进行教育体制革新,充分适应新质生产力发展对人才素质的需求。其次,加强职业教育和培训。面向战略性新兴产业和未来产业的发展需求,有针对性地开展职业技能培训,切实提高劳动者素质。此外,建立人才评价和激励机制。破除唯学历、唯职称等评价倾向,以实际能力和业绩为导向进行人才评价并从物质和精神两个层面给予有效激励。通过提供优厚的薪酬待遇、积极的工作环境和广阔的发展空间,激励人才投身于创新创业的浪潮之中。

其六,政策协调与评估制度。新质生产力的发展需要各项政策的协调配合和及时评估调整。一方面,建立政策协调机制。加强不同职能管理部门之间的沟通与协作,确保产业政策、科技政策、金融政策等相互衔接、攥指成拳。另一方面,建立政策评估体系。定期对各项新质生产力配套政策的实施效果进行定性与定量相结合的综合评估,根据评估结果及时进行反馈优化,全面提高政策的科学性、可操作性和有效性。

其七,法律保障制度。完善的法律法规体系是新质生产力发展的坚实保障。首先,修订和完善相关法律法规。如修订和完善《中华人民共和国专利法》《中华人民共和国反不正当竞争法》等,适应新质生产力发展的新需求。其次,加强执法监督。确保法律法规的严格执行,维护市场公平和创新秩序。再次,加强知识产权保护制度建设,为科技创新提供周密、全方位的法律保障。此外,建立法律救济机制。为创新主体提供有效的司法救济途径,使其合法权益能够得到充分保障。

总之，新质生产力的发展需要产业政策制度、金融支持制度、市场准入与竞争制度、科技创新制度、教育与人才培养制度、政策协调与评估制度、法律保障制度等多种配套制度的协同支撑。只有建立健全相关制度体系，才能为新质生产力的蓬勃发展创造良好的环境条件，从而推动经济社会的高质量发展。

第二章　新质生产力与能源经济的逻辑关联

通过第一章的分析可以发现,新质生产力是一个综合性的概念,它涵盖了一系列新兴技术、一批全新的生产模式,以及颠覆性的经济组织形式。在未来的社会发展中,新质生产力会深刻地影响社会经济的各个层面,能源经济当然也不例外。

在现代社会经济体系中,能源经济十分重要。原因在于,能源自古就是人类生存和社会发展的物质基础,也是现代社会运行的基础性、动力性要素,对经济增长与社会发展有着深刻的影响。充足且稳定的能源供应能推动工业生产,促进各产业的繁荣,这也是发展新质生产力的重要基础。同时,能源价格波动会对经济成本产生重大影响,进而左右企业的盈利能力和市场竞争力。能源的合理开发和利用还关乎环境保护与可持续发展,影响国家的长期战略布局和国际地位。此外,能源领域的创新和技术进步能带动相关产业发展,创造大量就业机会,促进经济结构优化升级。

在当今时代,新质生产力的崛起正深刻影响着能源经济的各个方面。要全面认识新质生产力与能源经济之间的逻辑关系,需要从多个维度进行深入分析。只有准确把握两者之间的逻辑关系,才能充分发挥能源经济的作用并借之推动新质生产力的合理健康发展。

第一节　新质生产力推动能源经济高质量发展

能源是与物质、能量和信息并列存在的自然界构成要素,具体是指人类能够获取利用的能量资源。按照不同的标准,可以对能源进行相应的分类。以来源为标准,可以将能源分为来自地球以外的能量资源(主要是太阳能及其衍生的化石资源、生物质能、风能等)和地球本身蕴藏的能量资源(包括地热能、核裂变能及核聚变能等)。以是否可再生为标准,可以将能源分为可再生能源(太阳能、水能等)和非可再生能源(石油、煤炭、天然气等)。在社会发展过程中,人们还将能源分为传统能源和新能源。其中,传统能源一般是指非可再生能源,新能源主要涵盖太阳能、风能、地热能、生物质能、海洋能、氢能、核能等。以化学成分为标准,则可以将能源分为碳基能源和非碳基能源。

从学科研究的角度来看,能源经济以能源为研究对象,着重探讨能源战略选择、能源生产、能源价格、能源融资、能源需求预测、能源企业组织形式、能源效应与效益、能源产业发展规划、能源技术经济评价、国际能源合作等内容。本书提及的能源经济可以被理解为"围绕能源进行的以开发、生产、加工、运输、销售及相关产业活动为基础所形成的一系列经济关系和经济活动的总和"。在经济增长、能源安全、环境保护、技术创新及社会发展等方面,能源经济都起着非常重要的作用。

2018年3月5日,习近平总书记在参加他所在的十三届全国人大一次会议内蒙古代表团审议时强调"要做好现代能源经济这篇文章,紧跟世界能源技术革命新趋势,延长产业链条,提高能源资源综合利用效率"。近年来,党和国家高度重视现代能源经济的发展并将之作为推动经济高质量发展、新质生产力发展的重要内容与紧迫任务(农春仕,2019)。在此,对新质生产力与能源经济高质量发展之间的关系进行简要阐述。

一、新能源经济高质量发展的定义和特征

高质量发展是党对中国经济发展阶段、环境、条件变化后作出的科学判断,体现了经济发展从"有没有"到"好不好"的转型,代表了党中央对经济社会发展方方面面的总要求,其价值指向是满足人民日益增长的美好生活需要。具体而言,将高质量发展的概念应用于能源经济领域就产生了能源经济高质量发展的概念。结合对高质量发展概念的理解,可以将之定义为"在能源的生产、分配、使用和消费过程中,通过政策引导、市场调节、技术创新、管理提升等途径,实现能源结构优化、能源效率提升、能源安全加强、环境影响减少,以及经济效益、社会效益均衡进步的能源经济发展范式"。这个概念有以下三个内涵:①能源经济高质量发展以满足经济社会发展对能源的需求为目的,同时追求最大限度地减少能源开发利用过程对环境、社会和经济造成的负面影响。②能源经济高质量发展应坚持可持续、高效、清洁、创新和协同的原则,推动能源消费结构向更加清洁、低碳和可持续的方向发展。这涉及增大可再生能源和清洁能源的比重,减少对化石燃料的依赖,从而减少温室气体的排放,保护环境。③能源经济高质量发展应确保能源供应的稳定性和可靠性,减少对外部能源的依赖。这包括提高能源自给能力,加强能源基础设施建设,以及通过多元化能源供应来降低能源供应中断的风险。

能源经济高质量发展具有以下几个方面的特征。①高效利用。能源经济高质量发展要求提高能源的利用效率,减少能源浪费。这包括能源结构的优化、能源转换效率的提高,以及节能技术和产品的推广应用等。②清洁生产。推动能源生产方式向清洁、低碳方向转变。通过发展可再生能源、提高能源生产过程中的环保标准,大范围推广绿色生产,尽可能降低污染物排放水平。③安全供应。强化能源基础设施建设,打造多元能源供应体系,降低能源对外依存度,确保能源供应的稳定可靠,防范能源供应中断、能源价格剧烈波动的风险。④环境友好。在能源生产和消费过程中突出对生态环境的保护,积极推动能源生产和消费

的绿色化、清洁化、低碳化,实现能源经济与生态环境的协调发展。⑤创新驱动。通过新技术的定向研发和深入应用,提高能源生产和利用的效率,在降低成本的前提下提升能源经济的竞争力。⑥市场导向。充分发挥市场在资源配置中的决定性作用,通过完善能源市场机制,促进能源资源的合理流动和高效配置。⑦政策支持。政府通过制定和实施相关政策,为能源经济的高质量发展提供引导和支持,包括能源价格政策、税收优惠政策、环保政策等。⑧社会参与。鼓励社会各界参与能源经济的高质量发展,包括企业、社会组织、公众等,形成全社会共同推动能源经济高质量发展的良好氛围。⑨国际合作。在全球化背景下,能源经济的高质量发展需要加强国际合作,通过技术交流、贸易合作、政策协调等,实现能源资源的全球优化配置。⑩可持续发展。能源经济高质量发展以可持续发展为价值指南,确保能源资源的长期有效利用,在当代社会发展和未来社会需求方面取得平衡,为子孙后代留下"绿水青山"。

能源经济的高质量发展是一个长期而复杂的过程,离不开政府、企业、社会等各方的共同努力和协调配合。通过不断的技术创新、制度优化及市场调节,能源经济将逐步实现高质量发展的目标。

二、新能源经济高质量发展的必要性

能源经济的高质量发展对社会经济的发展和民生福祉的保障具有无可替代的意义。在后工业时代,能源依然是经济社会前进的能量基础和动力源泉,其发展质量不仅关系到经济的健康可持续增长,而且关系到社会的稳定和繁荣,对生态环境保护的价值更是难以估量。在全球经济形势晦暗不明、发展格局日新月异、资源环境约束不断收紧的背景下,推动能源经济高质量发展是所有国家的必然选择。

首先,能源经济高质量发展是应对能源供需矛盾的迫切需要。自工业革命以来,全球人口不断增加,社会经济的发展不断迭代优化,这造成了大量的能源需求且呈现出显著的持续上升趋势。相形之下,煤炭、石油、天然气等传统化石能源在供应方式上显得难以为继,资源枯竭的危机更是警钟长鸣。更为严重的是,传统能源的开采和使用过程中存在着投资粗放、开采效率低下、流程复杂、浪费严重等一系列问题。从客观上来看,能源的供应和需求之间存在巨大缺口,给各国的社会经济发展带来了沉重压力。通过能源经济的高质量发展,可以提高各类能源的开发利用效率,优化能源供应结构,持续扩大清洁能源的应用范围,从而有效缓解能源供需矛盾,为社会经济的平稳运行提供坚实的能量保障。

其次,能源经济高质量发展是实现经济可持续增长的关键。长期以来,能源都是一种重要的生产要素,其开发方式和利用效率与经济增长的质量与效益都密切相关。传统的能源利用方式有着高能耗、高污染和低产出等特点,这不仅拖累了经济增长的速度,还从根本上削弱了经济发展的竞争力。能源经济的高质量发展强调用长远、发展的观点看问题,在实践中会推动能源产业与其他产业发生深度融合。这不仅可以带来产业结构的正向演进，还能够培育新的经济增长点。例如，地热能、先进核能、生物质能等高效能源的使用有效减少了生产过程对生态环境的污染和破坏，这不仅大大降低了环境治理成本，还间接地促进了其他产业的健康发展。可以说，在资源节约、环境保护的前提下，高效能源的应用有助于整体经济实现稳定且持续的增长。

再次，能源经济高质量发展是保护生态环境的必然要求。近三四百年来，全球经济和各国生产力都持续发展进步。但是，与此同时，环境污染和气候剧变也让人触目惊心。其中，传统能源的大规模开发和使用即是罪魁祸首之一。例如，煤炭燃烧产生大量的二氧化硫、氮氧化物和粉尘等污染物，严重破坏了空气质量；石油的开采和运输过程中产生大量污染，仅其引发的泄漏事故就造成了土壤和水体的难以修复的严重破坏；温室气体的排放在一定程度上影响了全球温度的变化，由此造成的温室效应给人类的生存和发展带来了艰巨的挑战。为了保护、改善生态环境，也为了社会经济的可持续发展，更为了子孙后代的生存，加大清洁能源的开发利用力度及加快能源经济的转型升级势在必行。原因在于，太阳能、风能、水能等清洁能源在使用过程中几乎不产生污染物和温室气体排放，可以对生态环境起到保护作用，同时也有利于实现经济发展与环境保护的良性互动。

此外，能源经济高质量发展是保障能源安全的重要途径。在国家安全体系中，能源安全有着基础性的地位。没有能源安全，国家安全就会失去重要屏障，政治稳定和经济安全也就无从谈起。中国虽然是能源大国，但与能源强国还有较大的差距。长期以来，中国能源对外依存度较高，在相当程度上存在着过度依赖进口能源的问题。因此在国际能源市场波动、地缘政治等因素的作用下，国家能源供应存在着难以规避的潜在风险，能源安全就成为了一项难以破解的难题。推动能源经济的高质量发展，一方面要加强国内能源资源的勘探开发力度，切实提高能源自给率，另一方面则要主动地、全面地、深入地开展国际能源合作，实现多元化和稳定化的能源供应。这将有效降低能源供应风险，为国家能源安全提供坚实保障。

最后，能源经济高质量发展是顺应全球能源发展趋势的战略选择。进入21世纪以来，全球能源市场形势风云变幻，能源供应博弈十分复杂，能源消费结构逐渐向清洁化、低碳化方向转变，新能源、可再生能源技术蓬勃发展。受此影响，各国政府纷纷推出各有千秋的能源转型战略，在清洁能源和能源效率提升方面展开了激烈的竞争。面对复杂的全球能源形势，中国必须积极推动能源经济高质量发展，才能在全球能源竞争中占领先机，提升在能源领域的话语权和定价权。

要实现能源经济的高质量发展，需要采取一系列综合性的措施。一是加强能源科技创新。加大对能源领域基础研究和前沿技术研发的投入，在关键核心技术上争取持续突破，全面提高能源开发、转化和利用效率。例如，在新能源储能技术、氢能技术、智能电网技术等方面加强研发，为能源转型提供技术支撑。二是完善能源政策体系。制定和实施有利于能源高质量发展的政策法规，包括能源价格政策、税收政策、补贴政策等，引导能源资源的合理配置和高效利用。三是加强能源市场机制建设。发挥社会主义市场经济体系的独特优势,以宏观调控和自由竞争为舵,建立健全的、符合国情社情的能源市场体系,打造多层次、立体化的能源交易机制,促进各类能源实现自由流动与优化配置。四是推动能源国际合作。深度参与全球能源治理,加强与能源强国在能源方面技术交流和经贸合作,妥善借势借力,在共同应对全球能源挑战的基础上解决中国能源领域的各种问题。

总之,能源经济高质量发展是中国经济社会发展的客观要求和必然选择。只有拿出战略定力,持之以恒地推动能源经济升级转型,实现能源的高效利用、清洁供应与稳定可持续发展,才能为优化新质生产力、推动国民经济健康可持续发展提供坚实的能源保障,实现经济、社会和环境的协调共进。

三、新质生产力推动能源经济高质量发展的内在机理

凭借创新性、融合性、高效性、绿色性等特性,新质生产力构成了推动能源经济高质量发展的关键力量,两者之间有着密切的逻辑关联。要深入理解这一内在机理,需要从多个方面进行剖析。

从政策支持的角度看,新质生产力已经成为新时期党和政府治理国家的理论指引。在能源领域,各级各地政府会结合国情社情及发展需要制定科学合理的管理政策。在推动新质生产力发展的过程中,政府会出台一系列保障能源安全、鼓励能源科技创新、促进产业升级和生态环境保护的政策措施,这将为能源经济的高质量发展奠定坚实的政策基础。

从资源配置的角度来看,新质生产力促使能源资源的配置更加合理和高效。传统能源经济立足于煤炭、石油、天然气等化石能源,其分布不均、勘测困难、开采难度大、污染程度高等问题一直很难解决。在新质生产力的影响下,能源领域的技术突破和模式创新不断涌现,使各类能源资源都有机会得到高效而充分的利用。例如,在人工智能技术和大数据的帮助下,可以从宏观层面精准地进行需求预测、供需匹配和优化调度,这能够实现能源资源的优化配置并大大减少能源的浪费,供需失衡的问题也有望在一定程度上得到缓解乃至解决。

从技术层面来看,新质生产力的核心在于创新驱动。就能源领域而言,科技创新会在相当程度上提升能源供应的质量和效率。例如,高效的可再生能源转化技术、先进的储能技术及结构化的智能能源管理系统能够在降低生产成本的前提下提升能源供应水平,同时也能够大大提升能源经济的整体竞争力。再如,太阳能光伏技术的持续进步和推广应用不仅能够降低能源生产成本,更能够改善主流的能源供应方式。

在环境保护方面,新质生产力为能源经济的绿色发展提供了坚实支撑。太阳能技术、风能技术、水能技术、生物质能技术、地热能技术、氢能技术、海洋能技术、核能技术、储能技术、智能电网技术等清洁能源技术的发展和应用,可以减少能源开发利用过程所造成的污染物排放,从而大大降低对生态环境的负面影响。与此同时,在新质生产力理念下,循环经济模

式在能源产业内部的应用也会越来越广泛,这不仅能够提高资源的回收利用率,还能够间接地促进能源经济与生态环境的协调发展。

新质生产力还关系到能源经济方面的风险管理问题。在利益交织的国际能源市场上,风险因素无处不在,能源价格波动、供应中断等都会引起一系列深刻影响。在传导机制的作用下,这还会使各个国家的能源经济产生复杂的变化。在新质生产力理念下,更精细的预测模型、更多元化的能源供应体系、更灵活的能源交易机制、更智能化的监测预警系统能够对这些因素起到一定的对冲作用,这将有助于保障能源经济的稳定运行。

新质生产力还会推动能源产业链的升级和拓展。如前所述,能源经济涉及勘探、生产、物流、传输、存储与消费等多个环节。新质生产力将作用于每一个环节并引发复杂而深刻的变革。例如,在生产环节,前沿的能源开采与转化技术将提高能源产出的质量和效率;在物流环节和传输环节,智能电网和分布式能源系统的发展可以为能源传输的持续性、稳定性提供可靠保障;在存储环节,高性能电池和其他储能设备将大大降低能量流失的风险;在消费环节,智能家电和能源管理系统可以让各种消费主体实现能源的集约使用。新质生产力作用下的能源全产业链升级和拓展将全方位地提升能源经济的整体效益,其竞争力也会随之水涨船高。

新质生产力对能源经济高质量发展的推动还体现在促进产业融合上。在经济增长方式升级、产业结构深层次转型的背景下,能源产业与装备制造业、信息技术、金融及服务业将发生深度融合,这将塑造新的商业模式并培育新的经济增长点。以新能源汽车产业为例,它充分体现了能源产业与汽车制造产业的深度融合。新能源汽车以电能、氢能等清洁能源为动力,带动了电力、充电桩、汽车智能化软件、自动驾驶、人机互联、网络销售等周边产业的发展,形成了多产业相互融合、协同发展的良好局面。

新质生产力还通过人才集聚效应作用于能源经济的高质量发展。新质生产力必然会带来科研人员素质及劳动者素质的提升。在能源经济领域,这必然会催生一大批高素质的创新人才和专业人才。他们将以新颖的理念、前沿的知识和先进的技术服务能源经济并推动能源领域的创新发展。同时,人才的集聚也必然伴随着知识的充分交流和深度共享,这会塑造良好的创新生态环境并对能源经济起到反哺作用。

此外,在国际竞争方面,拥有强大新质生产力的国家将在全球能源市场上占据有利地位。在全球能源转型的大趋势下,那些开发和应用更高效、更环保的能源技术的国家和地区不仅可以降本增效,还可以减少环境污染和温室气体排放。这些国家和地区不仅能够在能源贸易、能源合作和能源标准制定等方面拥有更多的话语权和主导权,还可以巩固和增强其在全球环境治理中的领导地位。

当然,新质生产力对能源经济高质量发展的推动作用并不是轻而易举就能实现的,还面临着一些挑战和问题,值得引起研究者及其他有关各方的注意。例如,新型储能技术、先进核能技术、地热能发电技术等仍处于发展阶段,技术成熟度不高,成本问题也未妥善解决,大规模应用受限，需要持续的研发投入和时间积累；现有能源市场在价格形成、竞争规则等方面尚不完善，可能会制约能源经济领域新质生产力的发展和应用；现有从业者的知识结构更新较慢，难以适应新技术要求，这会对新质生产力在能源经济高质量发展中的深入应用构成制约。

综上所述，新质生产力通过政策引导、资源优化配置、技术创新驱动、产业链升级、产业融合、环境保护、风险管理、人才集聚等多个方面的作用机制作用于能源经济的高质量发展。这要求社会各界在党和政府的号召下加强对新质生产力的培育和支持，逐步推动中国能源经济向可持续、高效、清洁与创新的方向发展，早日在国际能源经济领域绽放光彩。

第二节 新质生产力引领能源经济深层次转型

当前，受资源和环境约束加剧、能源供给制约严重、需求压力巨大，以及技术水平限制等各种因素影响，资源枯竭与环境污染问题成为了中国产业发展和经济增长的瓶颈因素。在新质生产力理念下，加快发展安全高效、清洁低碳的能源经济体系已刻不容缓（周宾，2021）。从根本上来说，能源经济需要一场深层次的升级转型。

一、能源经济深层次转型的概念与必要性

能源经济深层次转型是一个全面、深入且具有本质性变化的过程，具体是指在能源领域进行全方位、系统性且具有颠覆性的变革。它不仅涉及能源的生产、消费、分配和贸易等多个环节的革新升级，也关系到相关的技术、政策、市场和社会观念等方面的重大调整。

能源经济深层次转型这一概念的外延包括但不局限于以下几个关键方面。①能源结构的颠覆性转变。降低对煤炭、石油、天然气等传统化石能源的依赖度，提升可再生能源、清洁能源在能源供应结构中的地位。②能源技术的突破性创新。研发和应用储能技术、氢能技术、能源互联网等前沿能源技术，为能源经济的发展提供强劲驱动。③能源利用效率的大幅度提高。以技术创新与管理优化为媒介，逐步降低生产及消费各环节的能源损耗，实现高效集约利用。④能源市场机制的完善。建立公平、开放、竞争有序的能源市场，促进能源资源在各地区、各行业内部的优化配置。⑤能源政策的系统性变革。制定和实施一系列综合性、前瞻性的能源政策，对能源经济的转型进行恰当的引导和必要的规范。

能源经济深层次转型具有特殊的必要性，主要体现在以下几个方面。

首先，应对全球能源危机和资源短缺。与日益增长的人口和社会经济发展需求相比，传统化石能源的储量是相对有限的。与开采和使用速度相比，传统化石能源的形成速度也不容乐观。如果保持目前的能源经济模式，传统化石能源显得难以为继。通过能源经济的深层次转型，可以加大对可再生能源、清洁能源的开发使用力度，这有助于缩小能源的供

需缺口。

其次,缓解环境压力和应对气候变化。在煤炭、石油和天然气等传统化石能源的使用过程中,温室气体的排放一直是个难以解决的问题。由此造成的一系列环境问题始终是悬在全人类头顶的"达摩克利斯之剑"。推动能源经济的深层次转型,可以减少对高污染能源的依赖,也有助于减少温室气体排放。这是保护生态环境的必然选择,更是实现可持续发展的必由之路。

再次,提升能源安全保障水平。对于任何一个国家而言,在能源上过于依赖进口都有着巨大的风险。一旦国际能源市场有什么风吹草动,都足以让这些国家政府感到寝食难安。如果再考虑到地缘政治、国家博弈等问题,能源安全风险是任何国家都无法承受的风险。通过能源经济深层次转型,可以大力发展本土的可再生能源并提高能源利用效率。这不仅能够降低能源对外依存度,还能够大大提升能源自给能力。

此外,促进经济结构调整和产业升级。能源经济的深层次转型将带动新能源设备制造、能源服务、储能等相关产业的发展,这会培育一批新的经济增长点并为整个社会创造宝贵的就业岗位。与此同时,能源经济的深层次转型也将推动传统产业的节能减排和技术改造。这可以间接地带动产业结构的优化升级,最终反映为经济发展的质量与效益的双重提升。

最后,顺应全球能源发展趋势和国际竞争需要。近年来,全球各国都在有意识地、自发地推进能源转型。如果不能顺应这一潮流,中国在国际能源领域的话语权和竞争力将受到削弱,在全球能源治理格局中的地位也会受到负面影响。

综上所述,能源经济的深层次转型是解决能源、环境、经济和社会等多方面问题的现实要求,对发展新质生产力、保障能源安全、实现健康可持续发展、提升国际竞争力都十分重要。

第三节 新质生产力塑造能源经济多维度业态

一、能源经济业态的内容

能源经济是指与能源生产、分配、消费和监管相关的经济活动和产业。它包括多种业态,具体如下。①能源生产。包括各类能源的勘探、开采与生产。②能源加工。通过石油精炼、煤炭洗选、天然气液化等途径,将自然界中的能源转化为可被人类利用的能源形式。③能源传输。借助电网、输油管道、天然气管道等基础设施,将能源从生产地运输到可以销售或使用的地区并进行合理分配。④能源存储。使用电池储能、压缩空气储能、抽水蓄能等技术,实现对能量的存储。⑤能源分销。指能源从生产地到最终用户的分销过程,主要涉及批发环节和零售环节。⑥能源服务。为能源使用机构或个体提供能源咨询、能源审计、节能服务、能源管理等专项服务,并提供配套的能源管理解决方法、解决方案。⑦能源金融。通过投资、融资、保险和风险管理等金融服务,让能源开发、建设或利用项目能够从蓝图化为现实。⑧能源技术。包括能源领域的技术创新和研发,如提高能源效率、开发新能源技术等。⑨环境与可持续性。为解决环境污染、生态保护等方面的问题,可再生能源和清洁能源技术的开发与应用也成为能源经济的有机组成部分。⑩政策与监管。政府对能源行业的政策制定和监管,包括能源价格、安全标准、环境法规等。

通过前文的分析可以发现,能源经济是一个具有多元化和综合性特征的复杂领域。在政策引导、市场需求和技术进步等力量的推动下,其业态也在不断发展演进。

二、新质生产力对能源经济业态的推动作用

作为一种新兴力量,新质生产力正在以前所未有的方式深刻影响和改变着社会经济的各个方面,新产业、新模式、新动能不断涌现。对能源经济业态而言,情况同样如此。这种影响涵盖了能源生产、传输、存储、消费等各个环节,为能源经济的发展带来了全新的机遇和挑战。

首先,新质生产力在能源生产领域的推动作用不可忽视。新质生产力不仅改变了能源的生产方式,提高了生产效率,还促进了能源结构的优化和能源生产的绿色化。例如,智能钻井技术在提高油气开采效率的同时加强了生产安全性,可再生能源技术的发展丰富了新时期能源生产的方式方法,先进的煤炭清洁技术在一定程度上杜绝了污染物排放。

其次,在能源传输方面,新质生产力带来了智能化和高效化的变革。例如,智能电网技术能够优化电力流的分配,这不仅降低了电力传输损耗,还从根本上提高了电力在整个社会范围内的综合利用率;在能源管理系统和需求敏捷响应技术的帮助下,可以对能源的分配和使用进行动态调整,有助于提高能源供应的灵活性、适应性和耐久力;分布式能源系统和微电网技术的发展使能源传输呈现多元化、去中心化的新特征,不仅减少了对大型能源基础设施的依赖,也提高了整个能源系统的柔性与韧性。

再次,在能源存储这一关键环节,新质生产力也发挥了降本增效、提升安全性、推动能源整合等重要作用。例如,锂离子电池、钠离子电池等新型电池技术的突破不仅增大了电池的能量密度,延长了循环寿命,也带来了成本方面的大幅度节约;智慧能源存储系统可以在可再生能源过剩时存储能量,并在需求高峰时释放能量,这将大大提高能源系统的稳定性和可靠性。

此外,新质生产力还推动了能源消费模式的转变。在数字经济时代,能源消费出现了智能化、个性化、便捷性等特点。在人工智能技术、智慧能源管理系统的帮助下,能源用户的需求和消费习惯将得到记录、整合和分析,这有助于形成个性化的能源消费方案,实现能源的自动优化使用。

同时,在能源经济的政策和市场机制方面,新质生产力也带来了新的变化。为鼓励新能源和新技术的发展,政府会出台补贴、税收优惠、颁发绿色证书等配套政策。这些政策引导了社会资本的投入,会对能源经济的模式创新和突破发展起到有力的推进作用。同时,新的市场机制会不断涌现。以碳排放交易市场的建立为例,这不仅为能源企业提供减排、零碳等方面的经济激励,还会推动能源经济向低碳、绿色的方向发展。

值得指出的是,在推动能源经济业态发展的过程中,新质生产力也会面临多重挑战。例如,某些新能源技术在大规模应用时还存在效率和可靠性不足的问题。这就要求通过技术创新与研发、系统集成与优化、政策支持与市场激励等途径来予以解决。

总之,新质生产力对能源经济业态有着巨大的推动作用。虽然在发展过程中难免会遇到一些艰巨的挑战,但我们有信心通过持续的创新和努力实现能源经济的可持续发展,为人类创造更加清洁、高效、安全的能源未来。

三、新质生产力对能源经济业态的塑造

《2024年国务院政府工作报告》中提出,"深入推进能源革命,控制化石能源消费,加快建设新型能源体系。"在碳中和进程加速、能源价值网络快速重构、清洁能源产业蓬勃发展的背景下,必须加快发展新质生产力,推动能源领域革命性变革,加快能源经济业态的多维发展。

首先,随着人工智能、大数据、物联网等技术的不断融合与发展,能源生产将呈现智能化、精细化、数字化的特点。例如,在智能传感器和监控系统的帮助下,能源生产设备的运行数据能够被实时记录下来。通过对这些数据的量化分析和算法处理,可以对设备的运行情况、维护及保养需求进行精准预测,这将大大提高能源生产的精细化程度。再如,利用人工智能技术进行能源资源的勘探和评估,效率和准确性将得到大幅提升。

在能源传输领域,超导技术与无线能源传输技术有望实现关键性突破。超导材料的应用将大幅降低能源在传输过程中的损耗,传输容量和传输效率会出现颠覆性的革新。无线能源传输技术则有望帮助人们实现远距离的高效能量传输。这不仅可以打破传统有线传输在技术上的桎梏,还能够为能源的动态分配创造有利条件。

在能源存储方面,固态电池、金属空气电池等新型电池的应用将在提升能量存储性能的同时带来成本的节约。同时,超大容量的储能系统有望和能源生产、能源传输进行交叉融合,这不仅可以实现高效而动态的能源存储及释放,更能够从整体上实现能源供应与需求的精确匹配。此外,分布式能源将成为能源经济的重要组成部分。家庭和企业可以通过在屋顶装配光伏发电板、小型风力发电装置等方式自产能源,并借助智能微电网技术实现与主电网的灵活交互,提高能源的自给自足能力和可靠性。

能源消费领域,新业态也将不断涌现。一方面,随着环保意识的增强,消费者可以打造

个性化的能源管理方案。同时,能源共享经济模式可能兴起并逐步推广,用户可以将多余的能源出售给其他有需求的用户。另一方面,能源消费与交通、建筑、信息技术等其他行业的融合将不断深入,这会催生新的能源消费业态和能源服务模式。

从交易模式的角度来看,能源市场也可能出现深层次变革。例如,基于区块链技术的能源交易平台将大大提高能源交易的透明度,能源交易将以低成本、低风险、高效率的方式进行。再如,能源金融创新产品将不断涌现,帮助能源企业优化投资方向并拓宽融资渠道。

从整体上来看,新质生产力将为能源经济带来前所未有的创新和变革,塑造更加高效、清洁、智能和可持续的新型业态。

第四节　新质生产力保障能源经济全面发展

新质生产力理论框架为能源经济提供了一套逻辑框架,可以为其全面发展提供运行机制层面的保障。在新质生产力理念下,可再生能源、清洁能源将迎来革命性、颠覆性的突破。从整个社会范围内来看,可再生能源及清洁能源全面发展是能源经济发展的主旋律。在此,就新质生产力保障能源经济全面发展的运行机制进行框架性的阐述。

首先,在新质生产力理念下,绿色发展战略为构建绿色低碳能源体系提供逻辑支撑。

新质生产力强调绿色发展,这就要求社会生产与社会再生产过程应当突出可再生能源与绿色能源的主体性地位。如果依然保持过去对传统化石能源的高度依赖,且传统高能耗高污染的经济增长方式得不到改进,新质生产力就将成为空中楼阁。

中国虽是可再生能源第一大国,但仍然有着巨大的发展潜力,也面临着艰巨的挑战。考虑到可再生能源取之不尽用之不竭的特点,在能源经济结构中必须突出其作用和地位。在未来的社会经济发展过程中,必须着力推动传统能源结构向以可再生能源为主体的能源结构的转变。这不仅是新质生产力理念下能源结构转型逻辑的内在要求,也是升级经济增长方式、解决生态环境污染问题的必由之路。

其次,在新质生产力理念下,能源投资将发生积极转向并推动能源经济与能源强国接轨。

20世纪70年代以来,能源危机及全球能源市场波动一直刺激着各国政府的神经。为了在全球能源治理格局中占据优势地位,各国纷纷在能源经济、能源投资、能源技术等方面谋求优势竞争地位。中国在煤炭、石油、天然气等传统化石能源方面始终没有过硬的话语权和定价权。进入21世纪以来,可再生能源为中国参与全球能源市场竞争提供了宝贵的机遇和窗口。目前,中国已经成为可再生能源大国。但是,这方面仍然面临着一系列挑战,如绿色技术创新存在瓶颈、绿色投资不足等。在新质生产力向能源领域贯彻的过程中,应当牢牢把握时代机遇,积极推进能源投资向可再生能源的方向转变,这也是实现能源经济与能源强国接轨的内在要求。原因在于,美国、法国、加拿大、挪威等能源强国无一不是靠可再生能源获得竞争优势的。

此外,在新质生产力理念下,能源经济发展的路径支撑十分稳固。

在新质生产力理念的引领下,通过科技创新、产业结构优化、资源合理配置、国际合作,以及政策支持等多方面的努力,能源经济发展的路径支撑得以稳固。其一,新质生产力理念强调科技创新和绿色发展。在能源领域,这意味着可再生能源转化技术、先进储能技术等的持续发展。这些技术的突破和应用,不仅将大大提高能源转换效率,还会大幅度降低能源成本,这会为能源经济的稳定发展提供技术保障。其二,新质生产力理念注重产业结构的优化和升级。在新质生产力理念下,传统高污染、高能耗能源将逐步被可再生能源、清洁能源所取代。通过产业结构的调整,能源供应更加多元化和可持续,这将增强能源经济抵御风险的能力,使其发展路径更加稳固。其三,新质生产力理念倡导资源的合理配置和高效利用。在能源领域,通过智能化能源管理系统的引入,能源资源的精确分配将在不远的未来成为现实,能源的无谓消耗也将被降到可接受的程度。如此一来,能源供需平衡、能源产品价格稳定都将成为现实,这会为能源经济的稳定运行创造良好的市场环境。

附:能源经济的未来发展趋势

能源是人类社会发展的关键物质基础。能源经济的发展状况对全球经济、社会系统和生态环境都有着十分深远的影响。在当今世界,能源经济形势风云变幻。认识这方面的复杂变革和重大挑战是十分有必要的。

其一,可再生能源的主导地位日益凸显。

随着技术的不断进步和成本的持续降低,太阳能、风能、水能、生物质能等可再生能源在未来能源供应中的占比将不断增大。目前,太阳能每千瓦时($kW \cdot h$)的发电成本在 0.3~0.9 元之间,风电的这一指标则在 0.18~0.42 元之间。而且,太阳能光伏发电和风力发电的效率仍在持续提高。在未来,太阳能和风能可能成为电力供应的基础性来源。与此同时,水能、生物质能等其他可再生能源也将在能源结构中占据更加重要的地位。此外,可再生能源的大规模发展将推动能源生产的去中心化,家庭太阳能发电和小型风力发电所带来的分布式能源系统也将更加普及。这不仅可以大幅度提升能源供应的可靠性,还能够带来能源基础设施建设方面的成本节约。

其二,能源存储技术的突破与广泛应用。

从能源供应的角度来看,间歇性和波动性一直是能源尤其是可再生能源方面的一个痛点。随着锂离子电池、钠离子电池和液流电池等相关能源存储技术的突破和广泛应用,相关成本将逐步降低,容量将大幅增加,寿命则会显著延长。

大规模的能源存储系统与可再生能源发电设施相结合,将有助于推动能源供应的稳定输出与精确调配。这不仅可以拓展可再生能源的应用范围,也将有助于提高整个电力系统的可靠性、柔韧性与稳定性。

此外，能源存储技术还将在交通运输领域得到广泛应用，推动电动汽车及相关产业的快速健康发展。

其三，能量转化效率的显著提升。

在新质生产力理念下，科技创新将促进能源使用效率大幅提升。在农业时代，人类以动植物脂肪制成的蜡烛照明，能量的转化效率仅为万分之一。在第二次工业革命带来电力的时代，电灯泡的能量转化效率达到了千分之一，二极管光源的能量转化效率则达到了百分之九。新质生产力本身就是绿色生产力，对新材料的应用形成了新能源产业。例如，人工合成的单结钙钛矿太阳能光伏材料的转换效率已达到 25.2%，与二极管光源相比已经实现了飞跃。由光伏延展出的一系列新业态、新产业也在逐步形成，实现爆发式的增长，特别是光伏加储能、光伏加氢能、光伏加汽车等，这都将进一步提升能量转化效率。

其四，能源与数字化技术的深度融合。

在数字经济时代，大数据、人工智能、物联网和区块链等前沿科技与各行各业深度融合，在能源经济领域也得到了广泛而深入的应用。能源需求预测、能源系统优化和故障诊断等方面，大数据和人工智能都可以提供有效的帮助并全面提高能源管理的精细化程度。物联网技术将实现能源设备的互联互通，能源的生产、传输和消费将得到实时监测和动态控制。在能源交易方面，区块链技术的引入可以确保交易的安全、透明和高效，在降低交易成本的同时将相关风险因素控制到可被接受的水平。

其五，能源市场的变革。

在新质生产力的推动下，能源技术将持续进步，能源结构也将随之发生深层次的变化，这必然会带来能源市场格局的重塑。可再生能源企业和新兴能源服务提供商将参与到能源市场的竞争之中，传统的能源供应商则必须适应角色和地位上的变化。

在产品方面，新的能源类型将不断获得突破。例如，氢能将迅速崛起。作为一种先进、清洁而又高效的能源载体，氢能具有十分广阔的发展前景。在未来，可再生能源电解水制取氢气的技术研发有望获得持续突破，这会带来氢能开发成本和使用成本的大幅度降低。在燃料电池汽车、能源存储和工业生产等方面，氢能都有着独特的竞争优势。就工业而言，氢能可以帮助人们实现绿色生产，在相当程度上取代传统化石燃料的地位。就交通运输而言，氢燃料电池汽车和电动汽车可以被用来搭建起绿色清洁的交通体系。

在能源交易方面，能源期货、能源期权和能源分布式交易将极大地丰富相关市场主体的盈利模式与竞争策略。同样地，对于消费者而言，他们在能源市场上的主动权、选择权和参与权将不断提高，可以选择与自身情况相匹配的能源供应商和个性化的能源服务套餐。

其六，能源政策和法规的强化。

在环境气候剧烈变化和能源安全风险高企的背景下，各国政府会出台更科学、更严密的能源政策法规。在能源市场改革、能源效率标准、可再生能源发展目标、碳排放管制和推动等方面，各国政府也将各展所长，力争在国际能源格局中占据一席之地。

政策的引导和支持将加速能源经济的深层次转型,同时也将积极促进清洁能源技术的研发推广,从而有力地推动能源行业的稳定发展。

其七,国际能源合作的加强。

在全球化时代,能源已经成为世界各国共同关注的发展关键词。相应地,面对全球性的能源问题,各国之间的深度合作也显得越来越重要。在能源市场上,各国固然要展开激烈的竞争;在能源技术研发、能源贸易、能源基础设施建设和环境气候变化应对等方面,各国则会主动地寻求合作机会。在未来,跨国能源项目和能源互联互通将持续涌现,能源资源也将在全球范围内不断优化配置。与此同时,面对能源贫困、能源安全与生态环境保护等全球性难题,国际社会内部的合作也将持续走向深入。

其八,能源与其他领域的协同发展。

在现代社会,能源经济并非孤立存在的事物,它与农业、工业、信息技术、建筑、水资源、环境保护等其他领域协同发展也是十分重要的趋势。例如,将能源管理系统及节能技术应用于钢铁行业,可以在提高能源利用效率的同时降低对生态环境的负面影响,还可以带来整个产业的优化升级和可持续发展;通过采用节能的建筑材料、优化建筑设计,以及利用可再生能源满足部分能源需求,不仅降低了建筑的能耗,又提升了居住舒适度。

综上所述,能源经济的未来发展将呈现出可再生能源主导、能源存储突破、能源效率提升、数字化融合、氢能崛起、市场变革、政策强化、国际合作加强和协同发展等多种趋势。在这些趋势及新质生产力的共同作用下,能源经济将向清洁、高效、智能和可持续的方向发展,这必然会带来一个具有美好前景的能源未来。但是,美好的能源未来并不会自动自发地出现,还面临政策法规、经济、技术和社会方面的诸多挑战。这需要全球各界携起手来,从政策支持体系、研发投入、舆论传播、教育培训等方面入手,为能源经济的可持续发展奠定基础,为地球的生态平衡、人类的繁荣和子孙后代的环境福祉做出积极贡献。

同时,我们也应认识到,政策调整、科技进步、社会需求和产业生命周期等因素会给能源经济的发展带来复杂的影响。所以,应当对能源经济的动态性保持高度关注,在发展策略上则需要根据实际情况及时进行反馈、迭代和优化。只有这样,才能适应日新月异的环境和能源需求。在未来的几十年里,能源经济的转型既会带来宝贵的时代机遇窗口,也会面临层出不穷的挑战,它对全球经济格局、社会发展和环境保护的深远影响应当被视为重要的发展课题。在人类命运共同体框架下,通过所有人类成员的协同努力,能源经济的可持续发展将从理论变为现实。

此外,随着新质生产力的发展,独树一帜的商业模式和全新的产业形态将在能源经济领域不断涌现。能源服务公司将提供能源供应、节能改造、能源管理咨询等更加综合和个性化的能源解决方案,不断开辟能源市场新局面。与此同时,能源共享经济模式将得到大规模的普及应用,个人和企业可以通过共享能源存储设施及可再生能源设备来提高能源利用效率并降低成本。在技术创新方面,可控核聚变、高集成刀片动力电池技术、增强型干热岩发电技术等有望获得重大突破。一旦这些技术能够实现商业化应用,能源经济的面貌将焕然一新。

从社会层面来看,能源经济的发展必然会影响社会公众的生活方式和价值观。随着能源供应的更加清洁和智能化,能源节约、环境保护、绿色能源消费观等将成为一种共识,这必然会为能源经济的发展营造积极向上的文化氛围。

总之,能源经济的未来发展充满了无限的可能性和挑战。我们需要以积极的态度、创新的思维和务实的行动来迎接这些变化,持续加深对能源经济发展趋势的认识,积极发挥其在推动经济增长、环境保护和社会进步等方面的重要作用。

第二篇 新质生产力理念下能源经济体系建设的基本框架

能源经济体系是一个复杂且综合性的系统,它涵盖了能源的生产、分配、转换、存储、消费等环节,以及与之相关的政策、市场交易机制、经济活动和社会影响等多个方面。对于一个国家或地区的能源安全、经济发展与环境保护而言,能源经济体系的健康运行至关重要。

能源生产主要是指传统化石能源与可再生能源的勘探、开采与开发。能源的分配则是指将能源从生产场所输送到销售场所、消费场所的过程,其载体主要是电网、油气管网等能源基础设施。能源转换则是指存在于自然界的能源形式转化为可以直接使用的能量形式的过程,如将水力转化为电能等。能源存储是指借助电池储能、抽水蓄能、压缩空气储能等特定设备和专门技术,将生产的能源存储起来以便需要时再释放出来供人们使用的过程。它可以解决能源供应和需求在时间维度和空间维度上的不匹配性问题,也是提高能源利用效率和稳定性的关键。能源消费主要是指农业、工业、服务业及日常生活等诸领域对能源的使用过程,其主体涉及个人、家庭、企业和整个社会。

能源经济体系还受到能源发展规划、能源相关法律、税收、金融、价格管控、环保规章等相关政策法规的显著影响。同时,包括能源价格形成、能源市场竞争等因素的市场机制可以被视作能源经济体系的有机组成部分,其在能源资源配置中的作用不容忽视。

在新质生产力理念下,能源经济体系的建设是一个全面、系统、长期而艰巨的过程。它不仅覆盖能源经济的各个方面,还涉及能源高效利用、技术创新、生态环境保护和社会可持续发展等多个方面。以下是对这一体系基本框架的认识。

其一,能源经济体系建设的目标。①提高能源利用效率。以政策支持、技术创新、管理优化等为途径,提升生产及消费过程中的能源使用效率,规避不必要的能源浪费。②促进能源结构优化。顺应全球能源经济发展趋势,大力发展可再生能源、清洁能源,打造稳定多元而动态发展的能源供应体系。一方面,减少对传统化石能源的依赖。另一方面,提高新能源和清洁能源的供需占比。③实现能源可持续发展。保障能源供应的长期性、稳定性,增强中国在能源领域内的全球话语权。同时,加强对生态环境的保护,实现社会经济的绿色发展,创造和谐人居环境。④增强能源安全。通过多元化能源供应和能源战略储备体系建设,切实降低能源的对外依存度,全方位保障国家能源安全,积极规避全球能源市场波动带来的负面影响。

其二,能源经济体系建设的基本框架。①能源政策和法规体系。吸取其他国家的经验教训,制定和完善能源政策和法规,为能源经济体系建设提供稳固的顶层设计支撑和坚实的制度保障。②能源生产体系。以新质生产力理念为指引,打造有中国特色的能源生产结构,着力发展太阳能、风能、水能等清洁能源,在传统能源的生产方面则突出开采和利用的总体效率。③能源传输体系。以安全性、效率性、经济性、环境友好性、技术先进性等为原则,构建系统而高效的能源传输网络,不断加强智能电网、石油管道、天然气管道等基础设施的建设水平,确保能源的稳定供应。④能源消费体系。加强舆论宣传,引导和促进能源的理性消费,推广节能技术和产品,切实提高终端用能效率。⑤能源市场体系。面向经济发展和环境保护的双重需求,打造开放透明、有序竞争、突出效率、稳定可持续的能源市场,完善多层次能源价格机制,促进能源资源在整个社会范围内的科学配置。⑥能源创新体系。加大能源经济领域的研发投入,对标国际前沿,推动新能源、智能能源管理等方面的科技创新。⑦能源国际合作体系。加强国际能源合作,积极参与全球能源治理,切实提升中国在能源领域的主导权、话语权,与战略合作伙伴共同应对能源安全、能源贸易壁垒与环境气候恶化等挑战。

其三,实施策略。①加强顶层设计,根据国际能源形势和国内能源市场建设情况安排能源经济体系建设的方针、原则、总体规划和阶段性目标。②以有效性和连贯性为抓手,加强能源政策的制定、执行和评估,控制能源政策落实过程中的变形与偏差。③完善能源市场机制,鼓励有关各方积极参与到能源经济体系中去,在确保公平的前提下提高能源配置的效率。④优化能源产业结构,大力发展新能源产业,同时着力推动传统能源产业的升级改造。⑤推动能源科技创新,针对关键领域和薄弱环节加强研发,积极推动能源科技的产业化推广应用。⑥提升公众的能源和环保意识,鼓励社会各界积极参与能源经济体系的建设。

其四,面临的挑战。①国际政治经济形势的变动。国际能源市场风云变幻,竞争对手各有所长,能源波动、能源地缘博弈等因素可能对国内能源经济产生影响。②技术创新机制的不确定性。新能源技术的研发和应用存在复杂的风险和高度的不可控性,技术向市场、利润的转化并非一帆风顺。③能源市场机制的不完善。市场机制的建设还很不完善,可能在一定程度上拖累能源资源的精确调度与高效配置。④能源转型的成本问题。从传统能源向清洁能源转型绝不是一件一蹴而就的事情,需要巨大的人力物力财力投入。同时,相关主体的积极性、创造性也值得引起注意。

新质生产力理念下的能源经济体系建设是一个长期、复杂、艰巨的过程,离不开政府、企业、科研机构和公众等相关各方的高效配合。通过有力的政策支持、持续的技术创新和不断完善的市场机制建设,可以构建起一个高效、清洁、可持续的能源经济体系,为社会经济的全面发展提供坚实可靠的能源保障。

第三章　新质生产力理念下的能源需求

邹才能院士指出,绿色可持续发展是新质生产力的根本特征之一。所以,在新质生产力理念下,能源变革的路径应当与新时期能源需求相匹配:与煤炭、石油和天然气有关的传统能源产业应当进行深度的转型升级,传统能源应逐步向其化工材料属性进行回归;围绕新能源技术做文章,打造低成本经济性、科学供应安全性、零碳清洁性的中国特色能源绿色供应体系;面向碳中和目标,在传统能源与新能源之间进行精细管控和协同融合,配置超级能源管理系统;积极参与全球能源治理,为人类发展提供绿色动能。

从总体上来看,全球能源体系经历了"薪柴时代—煤炭时代—油气时代—新能源时代"的多次转型。在能源转型背景下,碳基能源在能源供应结构中的地位将逐步下降,非碳基能源的消费占比将快速上升。在21世纪初,中国的能源消费格局可以用"一大三小"来刻画。其中的"一大"是指煤炭,三小是指石油、天然气、新能源。到21世纪中期,中国的能源消费格局将变为"三小一大"。这里的"一大"是指新能源,所占比例预测在80%以上。彼时,煤炭、石油、天然气的消费占比则将有望降到20%以下(余清项等,2024)。

通过对有关文献的梳理,结合对新时期能源需求问题的实践认识,可以将新质生产力理念下的能源需求整体特点概括为以下几个方面:强调能源利用效率的提高,尽可能杜绝能源浪费,以高效、清洁、绿色、环境友好的方式满足生产和生活需求;积极推动能源结构的优化,加大对清洁能源的开发应用力度,减轻对传统高污染、高排放化石能源的依赖;追求能源的可持续性,既要有针对性地满足当下时代发展的能源需求,还要考虑未来能源供应的长期稳定性;充分考虑能源消费的合理性,引导能源在各领域的精准分配与理性消费;促进技术创新,在新型、智能能源技术和产品等方面下功夫,大力推动能源系统向智能化和高效化的方向发展。

笔者在本章将从不同角度出发,对新质生产力理念下的能源需求展开阐述。

第一节　能源与社会经济及居民消费的匹配度问题

能源与社会经济及居民消费的匹配度是一个综合性的复杂问题。从宏观视角来看,需要考量多重要素的影响。首先,能源供应的总量和结构应与社会经济的发展规模和产业结构相适应。如果能源供应跟不上,经济增长就将发生停滞;如果能源供应出现过剩,则可能造成不必要的资源浪费。其次,能源消费的模式和效率在一定程度上折射出居民生活水平、能源消费理念与能源消费行为习惯。高效、清洁的能源消费是高质量现代生活的重要基础。相反,低效、高污染的能源消费不仅会增加生活成本,还会对居民健康和生活环境造成损害、破坏。再次,能源价格机制对能源的供需平衡和消费行为起着调节作用,合理的价格能引导能源的有效配置,能源价格的意外剧烈波动则会影响社会经济与居民生活的稳定性。此外,技术进步既影响能源的开发利用效率,也会对社会经济运行和居民能源的需求产生复杂的传导作用。综合而言,须从宏观层面全面分析能源与社会经济及居民消费之间的动态关系,逐步实现两者之间的精准匹配。

一、能源发展环境与形势

如前所述,全球能源体系在整体上经历了"薪柴时代—煤炭时代—油气时代—新能源时代"的多次转型。经过多年发展,全球能源转型已经进入了全面加速期,演变重构情况可谓日新月异。近年来,中国能源革命方兴未艾,能源结构不断革新,供应体系呈现出"多轮驱动"的特点。在可再生能源投资、太阳能制造、风电装机容量、电动汽车市场、核能技术、智能电网技术等方面,中国已经跻身世界前列,这为能源经济的转型发展提供了坚实的基础。但是,中国能源经济发展不平衡不充分问题同样十分突出,供应链安全和产业链现代化水平与能源强国相比依然差距明显。从整体上来看,现代能源体系的构建既有许多有利条件,也面临着艰巨的挑战。

(一)全球能源体系深刻变革

能源结构低碳化转型加速推进。进入21世纪以来,全球各国都在能源结构调整方面深度发力,新能源技术研发持续取得进步,成本则不断下降。以风能和太阳能为例,这两个产业的收入规模在十年间增长幅度超过10.6倍。同时,为了应对环境气候恶化问题,全球各国对《巴黎协定》的认可程度不断提高,国际社会的支持和参与度也持续攀升。在2020年以后,可再生能源在全球新增发电量上的贡献达到了60%左右的水平。中国、美国、英国、德国、日本、澳大利亚、以色列等130多个国家和地区提出了碳中和目标。在2020年以后,世界主要经济体纷纷推动经济绿色复苏,能源结构低碳化转型加速推进,清洁低碳能源相关的投资事业迎来了宝贵的发展窗口。

能源系统多元化迭代蓬勃演进。在新质生产力理念下,技术创新对能源系统形态变革起到了有力的推动作用。从国际范围内来看,能源系统出现了分散化、扁平化、去中心化的趋势特征。在生产方面,集中式生产与分散式生产并驾齐驱;在传输方面,传统的大基地大网络模式仍然存在,但微电网、智能微网已经投入使用;在存储方面,新型储能系统正在规模化发展并带动能源系统形态发生根本性变革。从总体上来看,新能源在能源系统中所占比重越来越大,新型电力系统蓄势待发,能源转型技术路线和发展模式出现了明显的多元化倾向。

能源产业智能化升级进程加快。在知识经济时代,以互联网、大数据、人工智能为代表的信息技术与能源产业加速融合,催生了智慧电厂、智能电网、智能机器人勘探开采等新事物,无人值守、基于机器人的故障诊断等先进技术也被应用在能源生产运行过程之中。从消费终端的角度来看,智慧工业园区、智慧城镇社区、智能公共建筑等越来越普遍,综合能源服务、智慧用能模式遍地开花,能源系统向供需精确匹配、用能实时互动、敏捷灵活调节的方向发展。受此影响,能源生产消费方式也在持续发生深层次变革。

能源供需多极化格局复杂演变。在新一轮科技革命和产业革命的推动下,全球能源供需形势日新月异,生产重心西移、消费重心东倾的态势十分明显。从供应角度来看,俄罗斯、沙特阿拉伯等传统能源生产大国在石油和天然气领域的地位依然如日中天,但新兴能源供应国也在加快追赶步伐。经过页岩油和页岩气革命,美国已经成为事实上的油气生产大国和重要出口国。与此同时,中国、日本及一些非洲国家在太阳能、风能等领域进行了大规模投资布局,也在一定程度上影响了全球能源供应的整体格局。在需求方面,中国和印度等新兴经济体的能源需求增长迅速,成为全球能源消费的主力军。对于这些国家而言,工业化和城市化进程快速深入,催生了巨大的能源需求缺口。这些国家的能源消费结构也在持续优化,对清洁能源的需求也引起了其他国家的高度重视。

(二)中国步入构建现代能源体系的新阶段

能源安全保障进入关键攻坚期。近年来,各级政府对能源供应保障基础问题高度重视,在这方面加大了资源配置力度,初步实现了能源供需上的总体平衡并略有富余。"十三五"以来,中国原油产量保持稳中有升的态势,天然气产量更是锦上添花,年均增量超过 100 亿 m^3,油气管道总里程达到 17.5 万 km,发电装机容量达到 22 亿 kW,西电东送能力达到 2.7 亿 kW,为经济社会发展和民生用能需求提供了可靠的能量基础。当然,能源安全领域的风险因素长期存在,能源安全保障已进入牢固根基、发扬优势、补齐短板、加强弱项的新阶段(徐孝民等,2024)。

能源低碳转型进入重要窗口期。"十三五"期间,中国能源结构持续优化,在低碳转型方面取得了累累硕果。煤炭消费比重下降至56.8%,非化石能源消费比重则攀升至15.9%。常规水电、风电、太阳能发电、核电装机容量分别达到 3.4 亿 kW、2.8 亿 kW、2.5 亿 kW、0.5 亿 kW。从总体上来看,以非化石能源发电装机容量为标准,中国已经稳稳走在世界前列。为了落实 2030 年前实现碳达峰、2060 年前实现碳中和的目标,目前国内社会各界正在围绕国家能源发展规划协同推进能源低碳转型与供给保障,传统能源系统与新能源大规模发展之间的融合持续走向深入,绿色发展方式和生活方式成为大家共同关注的话题。

现代能源产业进入创新升级期。在新质生产力理念的推动下,能源科技创新在高等院校、科研机构与能源企业内部如火如荼地开展。这方面能力的显著提升,推动能源产业向较为乐观的方向发展。目前,中国的新能源和电力装备制造能力在全球范围内都有较强的影响力和一定的领先优势。低风速风力发电技术、光伏电池转换效率持续进步,三代核电技术,煤制油气、中俄东线天然气管道、±500kV柔性直流电网、±1100kV直流输电等重大项目纷纷投产,超大规模超高压电网运行控制技术在全球范围内亦是遥遥领先。就整体上而言,现代能源产业进入创新升级期,能源技术装备优势明显。为了落实"双碳"目标,需要将能源系统的变革推入"深水区"。在这一进程中,科技创新的引领和战略支撑作用十分关键,能源产业基础高级化和产业链现代化也功不可没。

能源普遍服务进入巩固提升期。"十三五"期间,能源惠民利民政策在全国范围内普遍实施,大大提升了能源服务的普及程度。"人人享有电力"成为现实,新一轮农网改造升级大获成功,全国通动力电比例首次达到100%,农网供电可靠率达到99.8%,北方地区清洁取暖率达到65%以上。据统计,全国范围内仅建成的光伏扶贫电站装机量就超过了2600万kW,"获得电力"服务水平持续改善,用能成本在全球范围内也十分有优势,能源营商环境亦持续改善。同时,我们也应当认识到,能源普遍服务依然任重道远,这表现在能源基础设施和服务水平方面存在着相当的城乡差距,供能品质与发达国家相比仍有较大改进空间。在未来,针对人民群众日益增长的美好生活需要,要加强能源普遍服务能力,进一步提升能源发展共享水平,为乡村振兴、拓展脱贫、共同富裕提供强劲能量(胡德胜和郭云鹏,2023)。

二、对新质生产力理念下能源需求的认识

新质生产力的理念要求我们对社会经济的各个方面进行重新审视,能源需求问题当然也不例外。一方面,先进技术和创新模式是新质生产力的重要依托,它们都非常强调能源利用效率的提高,这必然会减少对能源的消耗,这也意味着能源需求总量的下降。另一方面,新质生产力的快速发展会培育新的经济增长点并催生全新的产业应用,这会提升对可再生能源的需求量。当然,新质生产力的推进速度和规模、能源供应的稳定性和可持续性之间的均衡必须加以注意。在新质生产力理念下,深刻认识能源需求问题需要从以下几个方面来考量。

第一,新质生产力注重创新驱动与技术进步。从这一角度来看,未来的能源需求不单单追求数量、规模的准确性,能源品质和能源效率也是问题的重点所在。随着科学技术的发展进步,高效能源转换技术、智能能源管理系统等会持续获得突破,这使得能源需求管理将呈现出精细化、智能化、数字化等特征。所以,能源技术创新改变能源需求结构与模式的机理更值得引起研究者注意。

第二，新质生产力强调绿色发展与可持续性。受此影响，环境因素成为能源需求的重要基石。在新质生产力理念下，过去那种高投入、高耗能、高污染的能源需求模式将很快被淘汰，对太阳能、地热能、风能、水能、氢能、海洋能等清洁能源的需求会显著上升。同时，为了能源经济及整个国民经济体系的健康可持续发展，能源开发和利用过程中的碳排放问题也应当予以妥善解决。只有在能源需求与生态环境保护之间取得平衡，才能真正将新质生产力理念贯彻到能源经济领域中去。

第三，新质生产力致力于产业结构的优化升级。对于国民经济体系下的各个产业而言，其对能源需求的类型、数量和强度各有不同。在新质生产力理念的推动下，这些产业都会逐步向高端化、智能化、绿色化的方向发展，其对能源的需求也将出现显著的结构性变化。例如，高新技术产业和服务业对能源品质及稳定性有特殊要求，而传统制造业则强调能源效率的提升。从这个意义上来看，在分析未来能源需求的变化趋势时，产业结构的调整是一个重要的切入点。

第四，新质生产力追求社会发展的协调性和均衡性。在未来的能源经济体系中，需求因素不仅包括生产领域的需要，居民生活质量也需要加以考虑。此外，城乡能源需求差异、发达地区与欠发达地区能源需求差异也应当予以考虑。总之，要让所有微观经济主体、每一位社会成员都能享受到能源供应的便捷性与可靠性。

第五，新质生产力离不开全球视野和开放合作。发展新质生产力，闭门造车当然是不行的。在全球化时代，把握能源需求不能将眼光局限于国内。我们需要以全球性的视野和开放的心态来分析国际能源市场形势、能源大国博弈、地缘政治经济、能源政策、能源国际贸易及能源国际合作等因素对国内能源需求的影响。从整体上来说，要立足全球能源格局而非国内能源经济体系来对能源需求进行全局性、宏观性的审视。在未来，要在全球能源治理格局的框架下不断加强国际能源合作，为能源供应的安全保障提供坚实基础。只有这样，才能适应新质生产力发展对能源的多元需求。

综上所述，在新质生产力理念下，对能源需求的认识应从技术创新、绿色可持续、产业结构优化、社会发展协调均衡，以及全球视野等多维度进行精细分析。在条件允许的前提下，应当组织各方力量建立起周密的大模型来进行科学的量化研究。

三、在能源与社会经济及居民能源消费之间实现动态精准匹配的策略

作为现代社会发展的基石，能源与社会经济及居民能源消费之间的动态精准匹配具有特殊价值，具体可以从以下几个方面进行认识。

其一，保障经济稳定增长。自古以来，能源都是社会经济运行的关键引擎。对特定国家和地区来说，能源供应和利用的效率与其经济发展密切相关。在二者精确匹配时，能源可以为社会经济活动提供恰当、强劲的动力支持。这是农业、工业、服务业持续发展的基础，也是

企业等微观经济主体正常运转的基本前提。相反，如果能源供应出现困难，生产中止、成本飞涨、企业竞争力被削弱等问题都将相继发生，整个国民经济体系的稳定增长也将难以为继。例如，对钢铁制造企业来说，电力短缺可能造成生产线停工，订单交付必然发生延期，经济损失难以避免；对社会居民来说，能源供应困难会造成用电限制、供暖不足等诸多不便。这不仅会降低居民生活品质，甚至可能造成社会的不稳定。所以，能源与社会经济的动态精准匹配是维持经济稳定增长的基础性条件。

其二，促进能源高效利用。实现能源与社会经济及居民能源消费的动态精准匹配有助于提高能源的利用效率。当二者紧密结合时，能源就会得到合理使用而不至于被随便浪费。在未来，借助大数据、互联网、人工智能等先进科学技术，可以根据不同行业生产需要及居民用能需求情况来对整个社会的能源需求进行科学规划与精确管控。这不仅可以实现能源资源的均衡分配，还可以大大提高消费终端的能源利用效率。例如，在城市发展规划中，全面考虑各区域综合功能及人口密度情况，科学进行能源基础设施布局，这可以在能源精确供应的基础上降低不必要的传输损耗；在居民生活中，根据不同季节、不同功能区的居民用电需求情况，综合运用设置阶梯电价、发放节能奖励等措施，实现能源资源的可持续利用。

其三，推动能源结构优化。当今社会，经济发展形势整体上向现代化、数字化、智能化的方向发展，居民环保意识持续提升，这催生了对清洁能源越来越大的需求量。从这个意义上来看，能源与社会经济及居民能源消费的动态精准匹配应当充分考虑这一点，为能源结构的优化调整提供足够的支撑。也就是说，政府有关职能管理部门及能源企业在进行能源供应结构调整时应当有意识地加入对清洁能源需求量的考量，不断加大这一领域的开发利用力度，逐步降低传统化石能源在能源结构中的比重。例如，电动汽车正在逐步取代传统的燃油车，这将给发电行业带来需求端的巨大增量。对于发电行业而言，有必要加大对太阳能、风能、水能等可再生能源发电的投入力度。同时，从能源存储的角度来看，清洁能源的间歇性和不稳定性问题应当得到足够重视并予以妥善解决。

其四，提升居民生活质量。能源和居民能源消费的动态精准匹配与生活质量密切相关。充足、稳定、清洁、高效的能源供应将全面满足居民日常生活中的能源需求，这也是满足人民群众美好生活需求的一个重要方面。相反，如果能源与居民能源消费不匹配，人民群众就会在照明、取暖、制冷、烹饪等方面遇到困难，生活的舒适度和便利性也就无从谈起。与此同时，在新质生产力理念下，能源消费模式的合理性也关系到居民的能源支出。换言之，高效的能源供应将大大减轻居民在能源方面的经济负担。例如，在智能电表和智能家居系统的帮助下，居民可以对家庭的能源使用情况进行量化分析并据此优化能源使用习惯，这就带来能源支出的节省，也将间接地进一步优化整个社会的能源结构。此外，能源与居民能源消费的动态精准匹配也有助于能源服务的创新和升级，这将为居民提供能源共享平台、分布式能源系统等个性化的智慧能源解决方案。其结果不仅是居民生活品质的提升，更是能源与居民能源消费的进一步动态精准匹配。

其五,增强能源安全保障。能源安全在国家安全体系中扮演着十分重要的角色,与经济基础、社会稳定、国防安全、外交政策等密切相关。从这个意义上来看,能源与社会经济及居民能源消费的动态精准匹配有助于缓解能源依存度过高的压力,为国家能源安全奠定坚实的基础。也就是说,当国内能源供应能够针对社会经济及居民能源消费进行精确调整时,能源进口的压力就会大大减轻。进一步地,国际能源市场波动对国民经济和社会发展的影响就可以被控制在可被接受的范围内。例如,在能源开发方面,可以加大国内能源资源的勘探和开发力度,保障能源的稳定供应;在能源储备方面,可以根据社会经济及居民能源消费提前进行战略性的能源资源储备,这就可以缓解国际能源市场波动对国民经济和社会发展的影响;通过能源贸易、技术交流等途径,实现能源资源的跨时空配置,进而加强全球能源治理能力。

综上所述,实现能源与社会经济及居民能源消费之间的动态精准匹配对保障经济稳定增长、促进能源高效利用、推动能源结构优化、提升居民生活质量和增强能源安全保障都具有至关重要的意义。在未来的发展中,我们应不断加强能源管理和技术创新,完善能源市场机制,提高能源预测和规划的准确性,以实现能源与社会经济及居民能源消费的更加紧密、高效和可持续的匹配。

要在能源与社会经济与居民能源消费之间实现动态精准匹配,需要从供应侧和需求侧两个端口共同发力。

其一,能源供应侧的优化策略。①多元化能源生产。在未来,社会经济和居民能源需求处于持续的变化之中且会在整体上呈现出上升趋势。对此,能源生产的多元化势在必行。一方面,短期内要注重煤炭、石油和天然气等传统化石能源的高效生产。另一方面,要持续提升太阳能、风能、水能、生物质能等可再生能源的生产能力。通过各类能源在生产上的优化组合,不断改善能源供应结构,切实提升能源供应的稳定性和可靠性。同时,充分考虑不同地区、不同季节能源生产上的差异性,提高跨时空条件下的能源供应能力。②提高能源生产效率。吸取能源强国在能源勘探、能源生产等方面的技术研发经验,加强能源生产的宏观管理,同时通过能源转换效率的提升来优化能源供应能力。同时,要加强对能源生产过程中的损耗的研究,逐步降低这方面的损失。例如,将超临界和超超临界技术应用在火力发电领域,同时加入热循环技术,全方位提高煤炭的能量转换效率并减小污染物排放量;将风力涡轮机和太阳能电池板应用于可再生能源领域,同时引入电池储能、抽水蓄能和压缩空气储能等技术,全方位提升这方面的能源生产效率;加强能源生产设施的维护和管理,确保其处于最佳运行状态。③加强能源储备和应急管理。以战略石油储备、战略天然气储备等为抓手,打造完善、立体化、多元化的能源储备体系,降低国际能源市场波动对国内能源供需的影响。同时,各级政府协同建立周密的能源应急管理预案,以便在紧急情况下能够充分发挥社会主义能源调配机制的作用并拿出科学的应对措施,切实提高能源系统抵御外在风险的能力。

其二，能源需求侧的管理策略。①调整产业结构。以新质生产力理念为方针指引，持续对社会经济内部的产业结构进行优化调整，有序淘汰那些落后的高耗能产业，大力发展低耗能、高附加值的战略性新兴产业与未来产业。通过产业结构的调整，有序推动能源需求的结构性优化，在整个社会范围内降低总体能源强度。例如，积极发展高新技术产业、生物技术产业、环保产业、健康医疗产业、文化创意产业等低耗能产业，限制高耗能重工业的无序发展。②推广节能技术和产品。在社会经济各领域广泛推广节能技术和产品，如LED照明、太阳能光伏板、智能恒温器等。同时，加大对节能技术和产品的研发投入，在提升性能的同时有效降低成本。总之，尽可能提高能源利用效率并减少能源浪费，这将有助于从根本上降低能源需求。③引导居民合理用能。加强对居民的能源教育，提高居民的节能意识，培育居民合理消费能源的良好习惯。例如，通过宣传推广节能知识，鼓励居民在日常生活中采取合理控制室内温度、减少待机能耗等节能措施。

第二节 能源消费需求端的变化趋势

从经济规划、能源安全、环境保护、能源效率、政策制定、投资决策、技术创新等角度来看，认识能源消费需求端的变化趋势是十分有必要的。

（一）能源需求的影响因素

从整体上来看，能源政策、经济增长、人口总量及结构、产业结构等因素对能源需求有着重要影响。此外，技术进步、能源供应、能源价格、能源使用效率、居民消费水平及生态环境保护要求等也会在不同程度上影响到能源需求的数量与质量。

其一，能源政策。国内国际能源管理的经验表明，政府的相关政策法规会对能源消费需求产生直接影响。例如，能效标准、可再生能源补贴、碳税等政策可以激励消费者和企业减少能源消耗。与此同时，政策导向会对能源市场及居民消费者行为产生引导作用并在一定程度上影响能源消费模式的演进。此外，与生态环境保护有关的政策也会对能源需求产生影响。

其二，经济增长。前文多次提及，能源对社会经济发展有着十分重要的基础性、推动性作用。无论是从短期、中期还是从长期的角度来看，经济增长都会在深层次上影响能源需求量。国内外学者的研究表明，经济增长与能源消费需求之间存在密切相关的互动关系（唐葆君等，2024）。过去的经济增长情况和相关数据可以被用来预测未来特定时间周期内的能源消费水平。类似地，过去的能源消费值也能够被用来预测未来的社会经济增长率。以常理而论，经济的增长对能源使用量有着更高的依赖。同理，加大能源投入会带来不同程度的经济增长。

其三，人口总量及结构。通常情况下，人口总量的增加必然会带来能源消费需求的增加。此外，从人口结构的角度来看，城市人口、工业人口对能源的需求量通常要高于农村人口、非工业人口。

其四，产业结构。不同产业对能源的依赖程度自然是有所区别的。在第一产业、第二产业、第三产业中，作为工业的第二产业能源消耗是最高的。所以，产业结构情况及其升级调整会对能源消费需求产生重要影响。通常情况下，采矿、钢铁、有色金属、机械、化工、船舶制造等重工业离不开大量的能源投入。相比之下，高科技产业与服务业需要的能源投入要低很多。在新质生产力理念下，产业结构会持续优化升级，低能耗、高附加值产业的比重会持续增加，这会从整体上降低对能源的需求量。同时，在新质生产力理念下，能源利用率会随着产业结构的优化调整而提高，这会通过降低单位GDP所需的能源量而影响整体能源需求。

其五，技术进步。技术进步会影响产业经济内部的能源强度。但是，技术进步影响能源需求的机制较为复杂。有学者认为，这种机制主要可以从两个方面进行认识。一方面，技术进步可以提高生产效率，这通常会带来单位产品能源消耗量的降低。另一方面，信息技术、人工智能、区块链等技术的发展也会带来市场交易成本的降低，这会在一定程度上降低能源需求量。此外，技术进步会带来经济增长。在新的经济增长点的带动下，能源需求量会随之增加。

其六，能源供应。能源的供给也会在一定程度上影响能源需求量。一方面，能源的勘探成功率、开采情况、运输能力等会影响能源需求。另一方面，能源供给总量也会对能源需求产生复杂的影响。

其七，能源价格。在能源价格受到政府管制的背景下，其对能源需求量的影响较小。但是，能源价格与能源需求量之间并非毫无关系。一方面，当一种能源价格上涨时，人们会增加对可替代能源的需求量。另一方面，对价格敏感的企业和消费者会产生多元化、个性化的能源需求。

其八，能源使用效率。一方面，能源使用效率的提高意味着单位产出能源消耗的减少，这会带来能源需求量的降低。另一方面，能源使用效率的提高会节省企业及消费者的能源支出，这会对能源需求量产生难以衡量的影响。

其九，居民消费水平。居民消费水平与能源消耗密切相关，最终会反映到能源需求量上。①居民消费水平的提高会带来消费结构的升级，他们对高精尖电子产品、大型家电的需求会随之增加，这会提升能源需求量。例如，更大尺寸的智能电视、更高功率的中央空调等会带来电力消耗的增加。②居民消费水平提升后，自驾、乘坐飞机等出行方式更为他们所青睐。这些能耗较高、频次较多的出行方式会导致对石油等能源的需求上涨。③居民消费水平提升后，对居住环境的要求会水涨船高，更先进的住宅、更大的住房面积、更适宜的室内温度和照明条件等、更高级的采暖制冷设施等都会带来能源需求量的增加。

其十，生态环境保护要求。在新质生产力理念下，生态环境保护会更受人们重视，这也可能对能源需求量产生影响。例如，严格的生态环境保护要求会促使企业及消费者更多地采用太阳能、风能、水能等清洁能源。如此一来，对传统化石能源的需求会有所降低。再如，严格的生态环境保护要求会刺激公众的环保意识，社会成员会主动选择低能耗、绿色环保的生活方式，这会间接地降低整个社会的能源总需求量。

此外，对外开放程度也会通过对能源强度的作用而影响能源需求量。有学者认为，一个国家在吸引其他国家对外直接投资（FDI）时会引入更严格的生态环境保护标准、更先进的清洁能源生产技术、更高效率的工业制造技术和更周密的能源管理体系，这会降低能源消耗强度并带来能源需求量的下降。也有学者否定这一观点。他们认为，一个国家及其跨国集团对其他国家进行投资时，会倾向于把高污染、高能耗部门转移出去。如此一来，东道国反而变成了他们的"污染避难所"。甚至于，为了吸引对外直接投资，东道国政府会不惜采取降低环保标准的方式。这不仅会对其生态环境造成难以逆转的破坏，更会增加其能源消耗量。

（二）能源消费需求端的变化趋势

准确把握能源需求，了解近年来能源消费需求端的变化趋势是非常有必要的。

其一，能源消费结构将持续向低碳化转型。①从全球环境的角度来看，长期以来，煤炭、石油、天然气等传统高碳能源的使用造成了严重的生态环境问题。在新质生产力成为社会发展主旋律的背景下，降低碳排放、向低碳能源转型已经成为社会共识。②从能源政策的角度来看，全球各国政府纷纷制定了严格的环保法规和减排目标，中国政府也不例外。政策力量会推动能源领域的改革和创新，低碳能源的使用将被企业和居民所认可，这会积极促进能源消费结构的低碳化转型。③从经济发展的角度考虑，低碳化转型能够带动相关领域的科技研发与投资并催生新的就业机会，这必然会被社会各界高度认可。④从能源供应和技术发展的角度而言，随着可再生能源技术的不断进步，太阳能、风能、水能等的成本持续下降，效率则不断提高。它们在能源供应中的角色和地位越来越重要，这必然会有力地推动能源消费结构的低碳化转型。

其二，智能化和数字化应用提升了能源效率及用户参与度。在能源消费方面，智能化和数字化应用越来越普及，这不仅带来了能源效率的提升，同时也从各个方面提升了消费者的参与度。首先，智能化和数字化应用让消费者能够对自己的能源消费进行实时监控和精细管理。例如，智能电表的引入可以让用户充分了解自己的用电习惯，从而有机会通过节约用电和引入充电储能设备来改善能源消费。其次，智能化和数字化应用可以帮助消费者对各种设备的能量消耗情况进行动态监控、量化分析和自动调整，这可以降低能源浪费。例如，在使用供暖系统的过程中，智能算法可以帮助用户进行精确的温度控制，这有利于热能的节约。再次，在能源消费算法的帮助下，消费者可以较为准确地预测能源设施的潜在故障并有针对性地采取预防措施，这将有助于降低能源损失，也可以在一定程度上预防生产中断。此外,智能电网和分布式能源管理系统的引入可以帮助消费者对不同来源的能源使用进行协调互补。这不仅可以提高能源使用效率,还可以减少不必要的传输损耗。

其三,能源存储技术改变了能源消费模式。一方面,能源存储技术降低了企业及社会居民对传统化石能源的依赖。能源存储技术在一定程度上改善了能源生产、传输、分配方面存在的间歇性和不稳定性问题。在能源生产高峰期,人们可以进行能量存储。在需求高峰期或者低谷期,人们可以将存储的能量释放出来。这就在一定程度上降低了企业及社会居民对传统化石能源的依赖,也就间接地影响了能源需求。另一方面,优化能源消费模式。在能源存储技术的帮助下,企业和社会居民的能源消费变得非常灵活、敏捷和高效。对企业和社会居民来说,可以根据国家的能源政策、能源价格及需求变化来安排自己的能源消费。例如,在电价较低时可以储存一些能量,在电价较高时则可以使用这些之前储存的能量。这不仅有助于平衡电网负荷,还可以降低能源需求。

其四,能源消费的去中心化。在过去,能源供应在整体上呈现出集中式的特点。近年来,在新质生产力理念的推动下,能源领域的技术革新不断涌现,能源供应方面出现了去中心化的特点,这也带来了能源消费方面的去中心化。微型热电联产机组、可再生能源发电设备和小型燃气轮机等分布式能源系统在社区和企业得到了越来越普遍的应用,这在客观上降低了传统电力传输系统的负荷,同时也使企业和消费者在能源消费方面有了更多的自主权和话语权。

综上所述,在新质生产力理念的推动下,能源效率的提高成为一种社会共识,这是能源消费方面的根本趋势。从工业生产流程上的优化到节能技术在各个领域的普及,从建筑、交通等领域的能效提升到居民用电设备节能标准的提高,降低能源浪费的行为已经遍地开花。

第三节 能源需求的总体预测

做出更好的预测始于预测分析,它可以根据对历史数据的分析预测未来事件的可能性。预测分析已经是实践了上百年的学科。如今,政府和能源供应商正在使用数据挖掘技术和机器学习功能部署预测分析,以帮助预测和满足未来的能源需求。

一、能源需求总体预测的影响因素与方法论

能源需求是新质生产力理念下能源经济体系的一个重要方面。从国内国际能源管理的经验教训来看,对未来特定时间区间内的能源需求进行总体预测是十分有必要的。对于中国这个能源大国而言,对未来特定时间区间内的能源需求量进行总体上的预测分析无疑是一个重要、复杂且困难重重的课题。一方面,要考虑的影响因素及影响机制十分复杂。另一方面,选择合适的方法来进行这种预测也是一个艰巨的挑战。

根据对有关文献的梳理,预测中国未来特定时间区间内的能源需求量至少应当考虑以下几个方面的因素。①经济增长趋势。通过前文分析发现,经济发展的速度和产业结构的变化会影响未来的能源需求量。通常情况下,经济增长会刺激能源需求,而产业结构的变化则会影响整体能源强度及能源需求的类型与数量;②人口规模、人口结构及变化趋势。一般而言,人口数量和能源需求之间有着简单的线性正相关关系。但是,人口结构及变化趋势对能源需求量的影响也不容忽视。例如,城市人口的增加会带来各方面能源需求量的提升,如电力、交通、取暖制冷等。③能源效率提升。在新质生产力理念下,技术持续进步,这会提高能源开采利用的效率,进而间接地对能源需求增长产生抑制作用。④政策导向。政府制定的能源政策,如节能减排目标、可再生能源发展规划等,会对能源需求产生难以估量的重要影响。⑤行业发展。工业、交通运输、建筑等不同行业在能源消耗特点和趋势方面各不相同,其发展态势会影响能源需求量。⑥国际能源形势。全球能源市场的价格波动、能源供应的稳定性,以及国际能源合作等因素也会间接影响中国的能源需求。

预测一个国家和地区未来特定时间区间内的能源需求量的方法很多,在实践中也形成了一些常见的模型。以下是四种主要的分析方法。①经验预测法。就能源需求预测而言,这种方法的基本思路是通过对历史信息数据和经验进行分析研判,归纳以往的能源消费模式和趋势,然后结合专家智慧来对行业、市场、政策等因素进行综合分析并预测未来的能源需求。这种方法具有直观、灵活、快速和适用的特点,但精确度有待商榷,同时也容易受到专家经验的干扰。②回归分析法。这种方法的核心思路是将国内生产总值、人口、工业产出等能源需求的影响因素作为变量纳入统计学的回归模型之中,然后通过其与能源需求之间的线性回归关系进行能源需求量的预测分析。这种方法的优势是引入了统计学分析工具,具有一定的科学性。但是,能源需求的影响因素非常多,影响机制也十分复杂。相比之下,回归分析法的解释力有所不足。③系统动力学模型。这种方法的思路是将能源经济作为一个系统,同时分析其与经济、技术、生态环境等社会子系统之间的相互作用关系。其操作步骤主要包括识别系统边界、确定关键变量、建立因果关系、选择模型方程、收集历史数据、模型校准、仿真分析等。这种方法的优点在于考虑全面、反馈机制良好、操作灵活、数据可视化等,其有效性与模型构建的质量、数据的准确性,和模型使用者的专业能力密切相关。但是,它也有着复杂性高、数据要求复杂、模型校准难度大、主观性强、计算资源压力大等不足。④计量经济学模型。这种方法的核心思路是,利用过往能源消费的时间序列数据,采用ARIMA模型、面板数据分析、因果推断分析等计量经济学方法来预测能源需求的时间序列变化趋势。

以上四种方法都有各自的优势与不足。在实际预测中,可以考虑使用两到三种方法来进行中国未来能源需求的预测分析。通过结果的对比分析,可以有效提高预测工作的准确性与可靠性。

二、中国未来能源需求的总体预测

(一)中国能源供需体系及碳排放现状

目前,中国已经形成了以煤炭、石油、天然气为主,可再生能源重要性日益提高的多元化能源供需体系。其中,煤炭占一次能源消费比重由2011年的70.2%降至2023年的55.3%。2023年,天然气、水电、核电、风电、太阳能发电等清洁能源消费量在能源消费总量中所占比例为26.4%。截至2023年12月底,全国累计发电装机容量约29.2亿kW,同比增长13.9%。其中,太阳能发电装机容量约6.1亿kW,同比增长55.2%;风电装机容量约4.4亿kW,同比增长20.7%。就累计装机规模而言,中国的水电、风电、太阳能发电均居世界首位,能源消费结构向清洁低碳方向转变的态势十分明显。但是,能源消费偏煤、油气安全风险偏高等问题依然给能源转型带来了沉重压力。

中国正在成为清洁能源创新的世界领袖:自2015年以来,中国用于低碳能源研发的公共开支增加了70%。中国在可再生能源和电动汽车方面的专利活动中占了近10%。近年来,中国的初创企业吸引了超过全球三分之一的早期能源风险投资(易晓芹,2024)。

(二)中国未来能源需求的定性分析

能源经济与社会、经济、生态环境多个领域密切相关。在新质生产力理念下,能源经济是解决气候、生态环境和能源资源问题的关键路径。在未来的社会发展过程中,"清洁、低碳、安全、高效"的能源发展与转型主题将贯穿社会经济的各个层面,能源系统转型将成为各级政府和相关职能部门的工作重点之一,流入能源转型领域的资本会持续显著增加,智慧能源产业会成为重要的经济增长点并支撑能源系统转型。

在此,有必要先对中国未来能源需求进行定性层面的分析探讨。

首先,能源需求增速减缓,单位GDP能耗将呈现快速下降趋势。

在2020年以后,全球各国政府都在想方设法走出经济和社会发展的困境。在这一局面下,中国的对外贸易逐步恢复,这将与国内消费构成社会经济的双轮驱动。同时,国内经济内部的大循环将成为社会各界共同关注的焦点。在社会经济缓慢恢复的背景下,能源需求的增速在整体上会较为缓慢。根据有关机构的预测,未来十年内中国的年均经济增速将在5%~6%的范围内,能源消费弹性大约降至0.35水平,能源消费年均增长2%左右,年均增量约1亿t标准煤,能源消费总量可控制在55亿t标准煤,单位GDP能耗有望再降16%。

其次,非化石能源规模继续快速攀升,传统化石能源消费有望接近峰值。

在新质生产力理念推动下,各政府、各部门、企业及社会居民会在非化石能源方面持续发力,这方面的能源需求会持续快速增加。与此同时,传统化石能源的消费量则有望接近峰值并逐步走低。

再次,工业用能有望步入下行区间,交通用能持续增长。

在新质生产力理念下,技术进步和产业升级持续,这将带来能源利用效率的提高和单位工业增加值能耗的下降。清洁能源在工业用能中的占比将逐渐增加并推动能源结构持续迭代优化。但是,作为全球最大的工业国家,未来一段时间内国内整体工业规模仍有望进一步扩大,这会持续提高能源需求总量。在工业体系内部来看,钢铁、化工、机械等高耗能产业会受到产能调控与节能减排政策的影响,这方面的能源需求会有所下降。高端装备制造、新能源汽车等战略性新兴产业的用能需求则整体呈现上升趋势,其对能源质量和供应稳定性的特殊要求也不容忽视。就总体而言,未来中国工业用能需求将在总量增长、结构优化与效率提升中实现有效平衡。

在2020年以后,交通事业方面的能源需求值得引起管理部门及研究者的重视。其一,城市化进程的加快与居民出行需求的增长会创造大量的能源消费需求。当然,随着能源结构的持续优化,传统燃油交通工具在能源消耗方面所占的比重会呈现下降趋势。其二,电动汽车、氢燃料电池车的普及速度不断加快,这会在一定程度上降低传统化石能源的消费需求。其三,大运量、高效率的轨道交通和电动公交车越来越受到青睐,个体交通的能源消耗会因此而有所降低。其四,智能交通系统的推广,能有效优化交通流量,减少拥堵造成的能源浪费。其五,交通基础设施建设的推进和物流行业的快速发展,也会在一定程度上增加交通用能需求。总体而言,未来中国交通用能将朝着清洁、高效、智能的方向发展。

(三)中国未来能源需求的定量分析

匡立春等(2022)在《碳达峰碳中和愿景下中国能源需求预测与转型发展趋势》一文中对中国未来能源需求进行了多角度探讨,在此主要引用其研究成果来对这一主题进行整体上的分析。

1. 模型与边界条件

研究基于"全球变化评估模型"(Global Change Assessment Model,GCAM)二次开发后的"世界与中国能源展望模型"。模型围绕中国能源经济体系各环节进行刻画,涉及工业、建筑、交通等多个行业,同时也考虑了能源领域的技术研发情况。

基于不同情景,模型从发展阶段、行业、不同品种能源需求及二氧化碳排放量角度出发,进行分析预测。模型的边界条件主要有三个。①人口:城镇化进程加快,2035年城镇化率达到70%左右,2060年这一指标达到80%左右。②国内生产总值:经济稳步发展,2035年GDP为2020年的两倍,2060年达到2035年的两倍。2021—2035年、2036—2060年的GDP年均增速分别为4.8%、3.1%。③产业结构:在新质生产力理念下,产业结构持续优化调整,第三产业在GDP中的比重在2035年达到63%以上,在2060年达到60%左右。

2. 情景设计

以中国经济发展、能源安全与碳达峰碳中和目标为前提,基于对能源技术前景研判结果,研究设置三种情景。其一,稳健型。经济稳定发展,能源安全体系逐步确立,传统化石能源绿色化技术不断获得进步,可再生能源开发利用程度不断提高,CCS/CCUS(碳捕获、利用与封存)技术实现大规模商业化应用。其二,积极型。能源安全与碳达峰碳中和目标按照预期得到落实,二氧化碳排放量得到科学控制,传统化石能源主要被用于战略储备及应急储备,可再生能源技术达到世界一流水平,成本出现大幅度下降。其三,激进型。可再生能源技术出现革命性进展,能源安全问题得到全面解决。传统化石能源回归原料属性,仅用于调峰与战略储备及应急储备。

3. 多情景预测结果

模型预测显示,中国一次能源消费量在2030年前后达峰,在2030—2035年间缓慢下降,然后基本保持稳定。能源消费结构中,石油地位保持稳定,煤炭地位呈现明显下降趋势,天然气地位稳中有升,非化石能源地位快速提升。2035年之前,三种情景下的能源消费结构较为接近。2035—2060年,三种情景下的能源消费结构逐渐分化,分化情况与一次能源需求总量、碳排放量、生态碳汇+CCS/CCUS需贡献碳减排量等因素密切相关。

稳健型情景下,一次能源消费量在2030年前后达峰,峰值约为60.3×10^8 t标准煤。煤炭、石油和天然气消费达峰时间分别为2025年前、2030年前后和2035—2040年间。碳排放量在2025年前后达峰,峰值约为106×10^8 t。2030年,煤炭、石油、天然气和非化石能源消费占比分别为44.0%、18.1%、11.9%和26.0%;2035年分别为39.7%、15.8%、13.5%和31.0%;2060年,一次能源消费总量约为56×10^8 t标准煤,煤炭、石油、天然气和非化石能源消费占比分别为7.2%、7.2%、12.4%和73.2%。2060年,生态碳汇+CCS/CCUS需贡献碳减排量27×10^8 t(图3-1)(匡立春等,2022)。

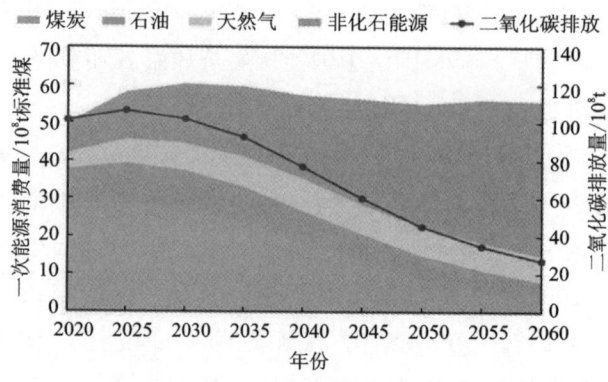

图3-1 稳健型情景下中国能源需求、能源消费结构及碳排放预测

积极型情景下的分析结果见图 3-2。

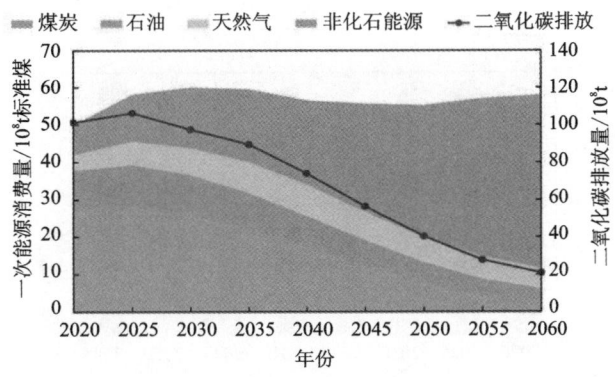

图 3-2　积极型情景下中国能源需求、能源消费结构及碳排放预测

激进型情景下的分析结果见图 3-3。

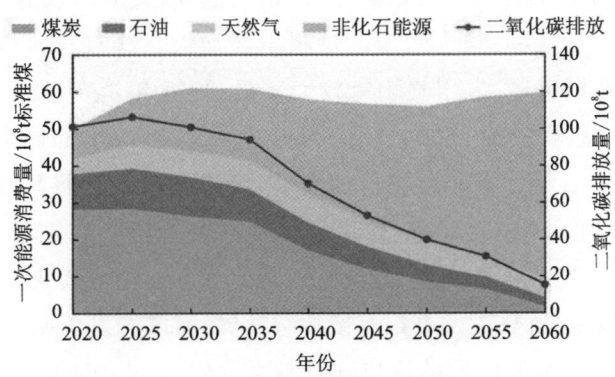

图 3-3　激进型情景下中国能源需求、能源消费结构及碳排放预测

4. 主要类型能源发展趋势展望

图 3-4 反映了能源消费结构的变动情况。可以发现，煤炭在能源消费结构中的地位呈现持续下降的趋势，石油的地位则缓慢下降，天然气的地位较为稳定，风电、太阳能这两种可再生能源的地位则呈现明显的上升趋势。

(1) 煤炭。近年来，煤炭在中国消费结构中占据着突出位置，这与火力发电在电力市场上一枝独秀的地位密切相关。在新质生产力理念推动下，煤炭占一次能源消费比重将持续下降，清洁高效利用成为重点。在碳达峰碳中和目标得到落实之后，煤炭在能源消费结构中将主要起到"兜底保障"的作用。

(2) 石油。石油被称为"工业之母"，中短期内仍然将在中国能源消费结构中占据一席之地。一方面，交通用油将保持一定的惯性。另一方面，工业领域的石油应用仍有着巨大的潜力。在未来，随着新能源汽车普及程度的提高，交通用油有望大大减少，这就推动石油向原料属性回归。

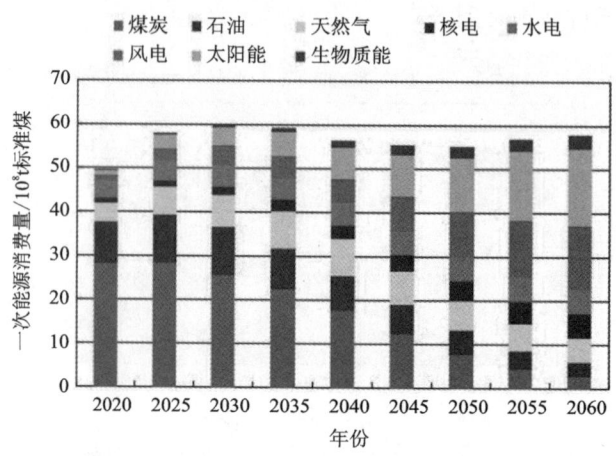

图 3-4　积极型情景下中国能源消费变化趋势

（3）天然气。在传统化石能源中,天然气具有清洁低碳、灵活高效的特点,是能源转型的重要介质。在未来二十年内,天然气的需求量将不断加大。2021—2035 年,天然气消费快速增长,城市燃气、工业燃料、发电用气均有较大增幅,2035 年消费量约 $6000\times10^8\,m^3$;天然气消费在 2040 年前达峰,峰值近 $6500\times10^8\,m^3$,2036—2050 年间预计调峰发电用气是主要增长来源;2051—2060 年,随着新能源技术的突破,天然气消费量将呈现明显的下降趋势,2060 年降至约 $4000\times10^8\,m^3$(匡立春等,2022)。

（4）非化石能源。在新质生产力理念推动下,新能源事业将持续快速发展并成为能源消费结构中的主力军。核电、地热能发电都有望持续发展,而风光发电则是中国未来能源发展的重点方向,2030 年风电、太阳能发电总装机容量要达到 $12\times10^8\,kW$ 以上。中国生物质能利用成效显著,生物质发电、生物质热电联产和生物质燃料发展前景广阔。2030 年非化石能源消费量将达到 $16.1\times10^8\,t$ 标准煤,占能源消费总量的 26.9%,其中核电、水电、风能、太阳能和生物质能占比分别为 12%、29%、30%、26% 和 3%;2060 年非化石能源消费量达到 $46.4\times10^8\,t$ 标准煤,占能源消费总量的 80.1%,其中核电、水电、风能、太阳能和生物质能在非化石能源消费中的占比分别为 12%、12%、31%、38% 和 7%,风能和太阳能成为非化石能源消费主体。

第四章　新质生产力理念下的能源供给

能源供给指的是提供能量以满足需求的过程。它涵盖了从能源的生产、转换、储存、传输到分配的各个环节。具体来说，能源供给包括以下几个方面。①能源生产。这主要包括两个方面，一是通过勘探、开采等方式从自然界获得煤炭、石油、天然气等传统化石能源。二是对太阳能、风能、水能等可再生能源进行开采利用。②能源转换。这是指将原始能源转化为可以被企业或社会居民直接用于生产生活能源的过程。例如，通过火力发电将煤炭转化为电力，或者通过光伏发电将太阳能用于取暖等。③能源储存。这是将能源以特定的形式储存起来以供恰当的时候释放使用的过程。电池储能就是一种最为常见的能源储存方式。④能源传输。这是指通过电网、油气管道等设施将能源实现时空转移的过程，一般需要将能源从生产地转到销售地和消费地。⑤能源分配。这是指将能源按照特定的交易模式分配给消费终端各个用户的过程，这一过程将满足不同用户的能源消费需求。从整体上来看，能源供给系统的目标是确保能源供应的稳定性、可靠性、安全性和经济性。对于社会经济和居民生活而言，高效的能源供给系统十分重要。

新质生产力与能源供给之间的关系主要体现在以下几个方面。①能源对新质生产力的支持。新质生产力指的是以先进技术和创新为基础的新型生产力形态，强调的是生产力的质的飞跃。能源供给对新质生产力的支持体现在技术进步的支撑和生产方式的革新上。前者是指能源对人工智能、大数据、云计算等新型技术的能量支持，它们的推广应用情况会受到能源供应可靠性的影响。后者是指能源对前沿科技、绿色高效生产方式的支持。对于多数高新技术企业而言，稳定的能源供应不可或缺。②新质生产力对能源需求的结构和模式的影响。一方面，新质生产力高度强调能源资源的利用效率，这必然要求能源供给的高质量和高效率。另一方面，新质生产力对绿色能源更为青睐。如前所述，可持续发展是新质生产力的重要理念。在新质生产力理念的推动下，企业和社会居民都会倾向于使用低碳环保、生态环境友好的清洁能源。③新质生产力发展推动能源系统转型。在新质生产力理念下，能源的生产和分配都会向绿色化、智能化、高效化的方向发展，这也是能源经济系统转型的内在要求。同时，在算法、大数据、人工智能的帮助下，能源资源的配置管理会更加科学，这将为新质生产力理念下的发展需求提供有效的能源支撑。④政策和投资导向。在新质生产力理念的推动下，政府将出台配套的能源政策，这将为清洁能源、可再生能源方面的技术及项目带来制度层面的支撑和投资方向上的引导,从而有效推动能源经济领域的创新和升级。

从整体上来看,新质生产力和能源供给之间存在相互促进、彼此依赖的关系。新质生产力的发展离不开稳定、高效、环保的能源供给支持,而能源供给的模式和结构会随着新质生产力的发展而迭代优化。

第一节　对能源经济供给相关因素的认识

一、中国能源经济要素禀赋大起底

能源经济要素禀赋是指一个国家或地区在能源领域所拥有的各种生产要素的状况、丰裕程度、特点和组合情况等。具体来说,能源经济要素禀赋涉及能源资源的储量、种类、分布、开采条件、技术水平、劳动力素质、资本投入、基础设施等方面。能源经济要素禀赋不仅会影响一个国家或地区的能源供需结构、能源经济发展模式、能源产业结构、能源贸易格局,也是制定能源政策的重要前提。同时,对于一个国家和地区而言,能源经济要素禀赋还深刻地影响着能源经济方面的潜在能力与表优势。不同国家和地区在能源经济要素禀赋方面各有不同,这就决定了全球各国在能源经济结构、效率、竞争力和可持续发展方面各有千秋,具体的发展模式和管理策略也具有明显的多元化特点。

作为全球最大的能源生产国和消费国之一,中国的能源经济要素禀赋十分复杂且特殊,既有独特的特点和优势,也面临着诸多艰巨的挑战。

(一)自然资源禀赋

1. 煤炭资源

中国是煤炭资源大国,有着储量丰富、分布面积广、煤种齐全等特点。《全球矿产资源储量评估报告2024》显示,中国煤炭累计探获资源储量在 2 070.2 亿 t 左右,山西、新疆、内蒙古、陕西和贵州是煤炭储量最为丰富的几个地区,其累计探获资源储量在全国煤炭资源储量中所占的比例达 78.36%。从综合煤炭开采条件和运输条件来看,山西、陕西、内蒙古和新疆这四个地区的煤炭资源条件最优。同时,它们也是煤炭生产中心,具有资源禀赋突出、开采条件好等优势。其中,山西和内蒙古的煤炭产量在全国所占比例超过 50%。

目前,煤炭仍是中国能源供应体系中的巨无霸,消费量在能源消费总量中所占的比例长期保持在 56% 左右。

2. 石油资源

根据中国地质调查局于2024年初发布的数据,中国的石油储量在37亿 t 左右,全球排名一直在第十三位上下。

从整体上来看,相对于强大的能源需求而言,中国石油资源的储量较小、分布不均、开采难度不均衡的弊端较为突出。陆域石油资源有76%分布在平原、浅海、戈壁和沙漠,主要分布在松辽盆地、塔里木盆地、渤海湾盆地、鄂尔多斯盆地、准噶尔盆地、柴达木盆地、珠江口盆地、四川盆地和东海陆架盆地。

从资源品位看,我国石油可采资源中优质资源占63%,低渗透资源占28%,重油占9%。从资源深度分布的角度来看,中国石油可采资源有80%集中分布在浅层(<2000m)和中深层(2000~3500m),而深层(3500~4500m)和超深层(>4500m)分布较少(周立明等,2023)。

3. 天然气资源

中国天然气资源储量较为丰富。自然资源部于2023年11月发布的数据显示,中国天然气储量为65 690.12亿 m^3。其中,煤层气储量为3 659.69亿 m^3,页岩气储量为5 605.59亿 m^3。从分布情况来看,中国天然气资源主要分布在以下几个区域。①西部地区。塔里木盆地、四川盆地等地区拥有丰富的天然气资源,其中尤以塔里木盆地的储量最为丰富。②东部地区。渤海湾盆地、松辽盆地等地区的天然气储量十分可观。③西南地区。四川盆地是中国重要的天然气生产基地,天然气资源开发利用程度在中国属于一流水准。④近海地区。中国南海地区也被发现有着巨大的天然气储量。近年来,随着天然气基础设施的不断完善和环保要求的提高,天然气消费增长迅速。为了优化能源结构,减少对煤炭的依赖,提高清洁能源的比例,中国政府强力推动天然气的开发和利用。同时,为了保障天然气供应的稳定性,中国政府也在加强与俄罗斯、吉尔吉斯斯坦、乌兹别克斯坦等国家在这一领域的合作。

4. 可再生能源资源

(1)太阳能。中国太阳能资源分布总体上呈现西部丰富、东部相对较少的特点。西部地区,尤其是青藏高原地区,具有日照时间长、海拔高、大气透明度好等特点,在太阳能辐射总量方面有着巨大的优势。西北部的新疆、甘肃、宁夏、内蒙古等地的情况较为类似。华北地区属于太阳能资源较丰富区,如河北、山西等地。受多云雾天气、日照时间和太阳辐射相对较弱等因素的影响,东部和南部地区的太阳能资源相对较少。在山东、江苏等东部沿海地区,太阳能开发利用条件较为普通。

(2)风能。东部沿海和西北地区风能资源丰富,风力发电发展迅速。中国风能资源分布广泛,其中尤以东北、华北和西北地区最为丰富。新疆、内蒙古、甘肃、西藏和宁夏等地地大物博,风速较高且稳定,在风能资源方面有着独特的优势。在海洋气候和季风等因素的影响下,山东、江苏、浙江、福建和广东等省份风能资源也十分丰富;其他地区在风能资源方面相对较弱,但也有一定的开发价值。

(3)水能。中国水能资源分布很不均衡,主要集中在以下几个区域:四川、云南、贵州、西藏等地区地势起伏较大,河流落差大,水量丰富,水能资源极为丰富,水能蕴藏量约占全国水能资源总量的70%;湖北、湖南、广西等地河流密布,水能资源也较为丰富。值得指出的是,水能资源的开发较为复杂,地理条件、经济发展水平、技术水平等因素的影响都不容忽视。

(4)生物质能。中国生物质能资源的分布具有一定的地域特点。东北平原、华北平原、中原腹地和长江中下游平原秸秆产量较高,可以被用于生物质发电;黑龙江、辽宁、福建、广东、广西等地有着丰富的森林资源;云南、四川、山东、江苏等地在木本油料植物种植上有传统优势,可用于生物液体燃料的开发利用;北京、上海、广州、深圳等一线城市有机废弃物产生量较高,可以用来发电。

(5)地热能。中国地热能资源分布广泛,主要集中在以下几个区域。青藏高原是中国地热能资源最为丰富的地区之一;华北平原地区地热资源丰富,地热井数量较多,地热资源开发利用也领先于其他地区;松花江流域、辽河平原等地,地热井数量较多,能够为地热资源开发利用奠定坚实基础;其他地区在地热能资源方面也各有优势,具有相当的潜力。

(二)人力资源禀赋

1. 能源领域科研人员

中国在能源领域拥有数以十万计的科研人员,在煤炭清洁利用、新能源技术研发等方面取得了一系列成果。从国际范围内来看,中国在新能源研究领域贡献总量较大,在所有技术领域的优质论文数量均排名前六。但与美国、德国、日本等发达国家相比,中国大部分领域论文篇均被引频次排名相对靠后,研究整体效率仍需提升。

2. 能源管理和政策人才

在新质生产力理念下,能源管理和政策制定方面的专业人才出现了巨大的供应缺口。

3. 能源产业工人

改革开放以来,职业教育培训事业迅速发展,中国有了一支近千万人的能源产业工人队伍,这为能源经济转型、能源生产和建设提供了可靠保障。

(三)资本资源禀赋

1. 政府投资

在能源基础设施建设、能源技术研发等方面,各级政府投入了大量人力物力财力,这为能源项目建设、能源产业发展提供了强劲动力。

2. 社会资本

能源领域吸引了众多社会资本的参与,促进了能源市场的多元化发展。其意义主要体现在以下几个方面。①投资与融资。通过项目投资和融资渠道供给,私营企业和外资企业在内的各类投资者利用手中的社会资本深入地参与到能源项目的开发和建设过程中来。②技术创新。在新能源技术开发、传统能源清洁利用技术改进等方面,社会资本都深度介入了研发过程,这有力地推动了能源行业的技术进步和创新。③市场运作。社会资本通过参与市场竞争,促进能源资源的有效配置和价格形成。这包括能源产品的生产、销售、服务等各个环节。④社会责任。在能源产业发展过程中,环境保护、节能减排、安全生产等社会责任的落实离不开社会资本的支撑。对于企业而言,经济利益固然非常重要,社会效益也不容忽视。⑤国际合作。在全球化背景下,能源行业的社会资本也纷纷"出海",在能源资源的国际贸易、跨国能源项目的投资等方面做出了重要贡献。⑥风险管理。能源行业发展过程中需要面对市场风险、政策风险、技术风险等各种风险。从这个意义上来看,社会资本在一定程度上起到了风险对冲的作用。

综上可以发现,在中国能源行业发展过程中,社会资本扮演着十分重要的角色,是推动能源经济转型的中坚力量。当然,在追求经济效益的同时,社会资本也必须兼顾社会责任的履行和可持续发展理念的贯彻。

3. 金融支持

金融机构在能源经济发展过程中扮演着至关重要的角色,为能源项目提供了丰富的融资渠道和金融服务,其作用主要体现在以下几个方面。①在金融体系中,金融机构是重要的资金供给者。在能源项目建设中,金融机构可以通过贷款、债券发行、股权融资等途径提供资金支持,这是项目得以落地实施的重要前提。②政策执行。在中国现有管理框架下,许多具有国有资本性质的金融机构主动承担着政策媒介的作用。也就是说,以信贷政策、利率政策、特色产品设计等为抓手,金融机构是国家能源政策和能源宏观调控的重要工具,对能源行业内部的资金流向和成本结构有着难以替代的影响。③监管合规。在为能源行业提供金融服务的过程中,金融机构需要遵守相关法律法规和监管要求,确保金融活动的合规性。这不仅是防范金融风险的必然选择,也在一定程度上强化了对能源行业的监管。④投资引导。凭借体制、资本、信息等方面的优势,金融机构可以深度参与到能源项目的投资决策过程之中并对社会资本的流动提供一种引导。例如,通过金融机构的带头作用,社会资本会向新能源和清洁能源领域倾斜,这会间接地带来能源结构的优化升级。⑤市场定价。通过结构化的产品和复杂的市场运作手段,金融机构可以在事实上介入到能源产品及能源资产的定价机制形成过程中去。这会对能源供求关系产生复杂的传导机制,同时也可以促进资源的有效配置。⑥信息中介。作为信息中介,金融机构还能够为能源企业、能源中介组织和投资者提供市场信息、行业分析、信用评估等专业服务。这不仅降低了各方之间的信息不对称风险,还能够帮助各方做出理性决策,这对能源行业的高质量发展十分重要。⑦创新支持。通过产品、服务、解决方案等方面的金融创新,金融机构可以为能源企业的科技创新提供支持。例如,绿色金融、项目融资、供应链金融等可以满足能源企业在创新方面的多元化需求。⑧风险管理。通过提供保险、对冲方案、衍生品等金融工具,金融机构可以在能源企业风险管理方面提供强大的支持。这不仅可以降低能源结构的经营风险,还能够支撑能源项目的平稳运行。⑨社会责任。在支持能源经济发展的同时,金融机构还可以为节能减排、环境保护等项目提供定向支持,这体现着金融机构与能源企业在社会责任方面的深度合作。⑩国际合作。在国际能源合作项目中,金融机构也是重要的利益关系人。通过跨境融资、投资、保险等金融服务,金融机构在促进国际能源资源优化配置方面起到了有力的推动作用。

通过上述多种方式,金融机构为能源经济发展提供可靠的支持和服务,同时也在风险控制、合规监管等方面提供了坚实保障。在新质生产力理念下,金融机构的支撑有力地促进着能源行业的健康可持续发展。

(四)技术资源禀赋

1. 传统能源技术

在煤炭开采、石油炼化等传统能源领域,中国属于后起之秀。经过七十余年的发展积累,目前这些方面拥有较为成熟的技术和工艺。

2. 新能源技术

在太阳能、风能、水能等新能源领域,中国后来居上,目前在全世界范围内都属于一流水平且有着强大的竞争优势。

3. 能源存储和传输技术

在能源存储和传输方面,中国也取得了一定的进展,如特高压输电技术等。

(五)面临的挑战

1. 能源消费结构不合理

煤炭消费比重仍然较高,清洁能源所占比例仍然相对较低。从整体上来看,能源消费结构的优化空间非常大。

2. 能源供应安全

石油和天然气对外依存度较高,能源供应在一定程度上受国际市场影响,这方面的风险不容忽视。

3. 能源环境问题

在能源生产和消费过程中,管理粗放的问题仍然普遍存在。从客观上来看,由此带来的环境污染问题十分突出,减排压力较大。

4. 技术创新能力有待提高

在一些关键能源技术领域,与美国、德国、日本等能源发达国家相比仍然存在较大差距,需要迎头赶上。

5. 能源体制机制障碍

在由能源大国向能源强国的过渡过程中,市场体制机制的建设还不够完善和健全,在一定程度上拖累了能源资源的有效配置。

二、中国能源经济基础设施情况

能源经济基础设施是指支持能源经济体系的物理设施和系统的综合。就能源供应的稳定性、安全性和效率而言,能源经济基础设施地位是至关重要的。从整体上来看,能源生产设施、能源加工设施、能源传输网络、能源储存设施、能源市场和交易平台、能源分配与监管、研发和创新设施、环境治理设施、信息和通信支持设施等都是能源基础设施的重要组成部分。

能源经济基础设施的建设和维护都离不开大量的资本投入,同时也受到政策、法规和技术进步的影响。对特定的国家或地区来说,能源经济基础设施水平与能源安全、经济发展和环境可持续性息息相关。

以下从不同领域出发,概括中国能源经济基础设施的基本情况。

第一,电力基础设施。从全球范围内来看,中国拥有着规模首屈一指的电力系统。在发电方面,中国打造了以火力发电为主,兼顾水力发电、核能发电、风力发电和太阳能发电等的多元化发电体系。在新质生产力理念下,火力发电所占的比重将出现缓慢下降的趋势,清洁能源发电的比例则逐步上升。在输电方面,中国拥有遥遥领先的特高压输电技术,能够实现远距离、大容量、低损耗的电力输送,电力供应十分稳定。在配电方面,随着智能电网的逐步普及,可靠性和电能质量持续提高。

第二,煤炭基础设施。自中华人民共和国成立以来,煤炭在中国能源结构中始终占据龙头地位。在煤炭开采方面,中国拥有全球领先的开采技术和设备,大型煤矿的机械化、自动化水平持续提高。在煤炭运输方面,形成了铁路、公路和水路纵横交错的运输网络,煤炭供应达到了稳定、及时的标准。同时,煤炭储存设施也在不断优化。但是,必须指出的是,以工人人均生产水平而论,国内煤炭开采的效率还有较大的改进空间。

第三,石油基础设施。经过多年积累,中国在石油方面已经形成了涵盖勘探、开采、加工和运输的完善体系。在勘探领域,一直保持着高水平的投入,技术创新步伐不断加快,有了一定的石油自给能力。在加工领域,大型炼化企业广泛分布,提供了大量高品质石油产品,为社会经济的发展构筑了坚定的支撑。在运输方面,管道、铁路、公路和海运密切配合,形成了强大而高效的运输网络。同时,为了应对国际油价波动和保障能源供应安全,国家高度重视石油战略储备设施的建设。

第四,天然气基础设施。作为一种清洁能源,天然气在中国能源消费中的比重逐渐增加。在天然气勘探和开采方面,政府和企业不断加大投入,有力地推动了技术革新,产量也逐年上升。在天然气管道建设方面同样如此,目前已经形成覆盖全国的骨干管网。与此同时,为了提高调峰能力和保障供应稳定性,储气设施的建设也被高度重视。

第五,可再生能源基础设施。可再生能源如风能和太阳能的发展迅猛。在风能领域,大型风电厂在全国各地纷纷建成,海上风电也逐渐兴起。太阳能方面,光伏发电的规模不断扩大,分布式光伏和集中式光伏电站共同发展。与之配套的储能设施也在逐步建设和完善,以解决可再生能源的间歇性和不稳定性问题。

第六,能源基础设施的智能化和数字化。随着科技的进步,中国的能源基础设施正朝着智能化和数字化方向发展。目前,大数据、云计算、物联网等技术已经在这一领域得到了广泛应用。因此,能源经济体系的运转过程得到了实时监测和优化管理,利用效率持续提升,能源损耗逐年下降。从整体上来看,这是能源系统安全稳定运行的重要前提。

从整体上来看,中国的能源基础设施在规模、技术水平和保障能力等方面成绩喜人。但是,能源结构优化、能源效率提升、环境保护等方面的压力和挑战可谓是无处不在、无时不有,值得引起高度重视。

三、全面认识中国现代能源体系建设基础

近年来,在"四个革命、一个合作"能源安全新战略方针的指导下,中国各级政府加强推动能源革命,在建设多元清洁能源方面狠下功夫,积极推进能源消费方式向绿色化方向发展,能源体制改革不断向纵深方向发展。在新质生产力理念指引下,科技创新第一动力作用在能源经济领域得到深入贯彻,能源生产和利用方式发生重大变革,市场活力得到充分释放,能源国际合作持续获得突破。从整体上来看,中国在能源经济发展方面获得了一系列足以载入史册的光辉成就,能源高质量发展也取得了累累硕果。

能源消费清洁低碳转型持续加快。党的十八大以来,国内能源利用效率不断提升,单位国内生产总值能耗持续下降,每年能源消费减少量折合 1 亿 t 标准煤以上。从整体上来看,

中国以能源消费年均约3.0%的增长支撑了国民经济年均6%的增长。一方面,政府引导发挥了重要作用。各级政府出台的补贴政策、绿色能源项目的优先审批等大大刺激了清洁能源的发展,也对一大批高耗能、高污染的能源项目进行严格限制和管控。当然,政策力量也推动了能源消费向清洁低碳方向转变。另一方面,在能源存储、传输和转化等领域的技术创新也推动能源消费清洁低碳转型持续加快。此外,社会意识的提高也助力了能源转型。随着社会的发展和舆论宣传的加强,公众对环境保护和可持续发展的认识持续提高,对清洁能源的需求和支持度持续攀升。企业和社会各界积极参与到能源消费清洁低碳转型的过程中来,形成了这一领域的强劲合力。

能源体制机制改革稳步推进。近年来,国内能源营商环境不断优化,市场化水平持续提升,市场活力被充分激发,企业等微观经济主体和社会居民在能源领域的创业、办事便利程度大大提高。能源改革和法治建设同步发展,能源法律体系建设切实加强,形成了一个涵盖战略、规划、政策、标准、监管、服务的能源治理机制。发电用电计划有序放开、交易机构独立规范运行、电力市场建设深入推进。加快推进油气勘查开采市场放开与矿业权流转、管网运营机制改革,原油进口动态管理等改革,完善油气交易中心建设。能源价格市场化持续推进,竞争性环节价格进一步放开,电力、油气网络环节科学定价制度初步建立。能源领域外资市场准入进一步放宽,民间投资队伍持续壮大,投资主体更加多元化(曾诗鸿等,2021)。

能源供给能力和质量显著提升。从能源生产总量来看,能源开发力度不断加大,各类能源的产量均稳中有升。在煤炭、石油、天然气等传统能源方面,开采技术趋于成熟,产量十分稳定,在一定程度上构成了能源供给的"压舱石"。同时,太阳能、风能、水能等可再生能源开发技术持续获得突破,装机容量和发电量连年提升,成为了能源供给的"增长极"。在能源供应的质量方面,技术创新发挥了关键作用。能源开采和加工过程中的绿色环保水平不断提高,转化效率也持续进步,能源生产对环境的影响大大降低。此外,能源基础设施建设的完善、能源储备体系的日益健全和能源行业的智能化发展也带来了能源供给能力和质量的显著提升,为新质生产力的发展和社会经济的进步提供了有力支撑。从整体上来看,煤、油、气、电及各类新能源多轮驱动的能源生产体系已经搭建成功,能源输送能力和能源储备体系建设在全球范围来看也是遥遥领先,能源储备体系不断健全,经济社会发展和民生用能需求得到有效保障。

能源技术创新能力进一步增强。在新质生产力理念推动下,众多科研机构和企业在能源技术的探索和创新方面形成了合力,推动能源技术从基础研究到应用研究的各个环节持续取得重大突破。从全国范围内来看,高精度的能源材料分析仪器、大型的能源模拟实验装置等先进的实验设施和研究平台纷纷涌现,为能源基础创新奠定了坚实的基础。在人力资本方面,国内高校、企业和科研机构培养了一大批具有创新思维和实践能力的能源技术专业人才,保障了中国在能源领域各个方向开展前沿研究的人才基础。总之,在能源技术创新、能源成果转化、能源互联网技术发展、能源跨领域合作创新等方面,国内出现了一大批优秀成果和一系列创新性的能源解决方案。从整体上来看，能源新技术、新模式、新业态持续涌现，过去那种"跟跑、并跑"的模式被"创新、主导"所取代，技术进步给能源经济体系建设贡献了重要力量。

能源国际合作彰显中国智慧。在"一带一路"倡议下的能源国际合作中，中国以互利共赢为宗旨，高度重视能源领域的全球合作。中国与全球各国建立起了能源战略合作伙伴关系，通过积极参与国际能源组织和多边机制、签订能源合作协议、加强政策沟通和协调、推动国际贸易、吸引国际先进能源技术和投资等途径，推动全球能源治理新格局的形成。围绕碳达峰碳中和目标，中国同各国共同努力减少温室气体排放，推动能源绿色可持续发展，为全球能源治理贡献了一系列充满中国智慧的解决方案。在能源技术合作方面，中国与其他国家共享先进的能源技术和经验，促进了全球能源技术的进步。同时，中国高度重视与周边国家在能源基础设施建设、能源资源开发的合作，不仅帮助这些国家有效提高了能源供应水平，还促进了能源资源的优化配置。总之，在能源国际合作领域，中国"和平、合作、共赢"的理念成为普遍性共识。中国政府着力推动解决全球能源问题，体现了大国担当和民族特色，充分彰显了中国智慧，是构建公平、合理、高效的全球能源格局的主导性力量。

第二节　能源供给结构的优化提升

在人类社会发展过程中，能源的基础性作用和关键角色是难以替代的。在21世纪初期，能源供给结构的优化提升之所以显得更为重要，是因为它对新质生产力、能源安全、经济健康可持续发展、生态环境有着至关重要的意义。在过去的几十年里，在新能源力量的推动下，全球能源供给结构持续改变。从短期内来看，煤炭、石油和天然气等传统化石能源仍是全球能源供给结构的主体，但太阳能、风能、水能的重要性随着技术进步和人们对生态环境问题的日益关注而不断提高。

从能源安全的角度来看，长期以来，国内传统化石能源对外依赖度过高的压力始终存在。国际市场波动、能源大国博弈、地缘政治等因素始终是悬在中国能源供应体系之上的"达摩克利斯之剑"。通过发展多元化的能源供应，尤其是提高可再生能源的地位，可以在相当程度上减轻对进口能源的依赖，在增强能源自给能力的基础上强化国家能源安全。

从新质生产力的角度来看，可持续、稳定的能源支持必不可少，这就离不开能源结构的优化。一方面，可再生能源的使用能够减少环境污染，是发展绿色生产的必然选择。另一方面，优化能源结构能推动新技术的发展，这些技术可以对新质生产力起到培育、强化和促进的作用。总的来说，能源结构的优化是实现新质生产力提升的基础。

从经济高质量发展的角度来看。能源供给结构的优化过程既是创造大量新型岗位的过程，也是淘汰落后产能和部分传统岗位的过程。例如，可再生能源产业的发展会拉动就业，

第四章 新质生产力理念下的能源供给

同时也能够提高相关领域技术研发水平与工业制造能力,这对产业结构升级优化和经济高质量发展十分重要。

从生态环境的角度来看,能源供给结构的优化可以减少对高碳排放能源的依赖,同时也有助于减少温室气体排放。这是缓解环境污染、气候恶化等问题的必然选择,也是保护生态环境的必由之路。

为了实现能源供给结构的优化提升,有必要采取一系列的措施。

第一,能源政策的引导是实现能源供给优化的重要保障。为了引导和鼓励能源行业的健康发展,带动能源供给结构的优化提升,政府应制定和实施一系列的能源政策,包括能源发展规划、能源税收政策、能源补贴政策、能源环保政策等。例如,通过制定可再生能源发展目标和规划,引导社会资本加强这一领域的投资;通过实施能源税收政策,对高耗能高污染行业及高耗能高污染消费课以重税,对可再生能源相关技术进行税收优惠意义上的政策刺激;为可再生能源项目的建设和运营提高专项补贴,推动相关技术研究,带动能源供给结构实现优化提升(方行明等,2024)。

第二,能源市场的改革对于能源供给的优化也起着重要的作用。在市场经济模式下,完善的能源市场机制不仅是引导能源资源优化配置的"看不见的手",也是能源供应结构优化提升的基石。一方面,要发挥市场的独特作用,打破垄断壁垒,引导各类微观经济主体共同参与到能源经济领域的竞争中来,推动能源企业在积极提高产品服务质量的前提下降本增效。另一方面,要对标能源强国建立健全能源价格形成机制,使能源价格与供求关系、环境成本直接挂钩,从而发挥其对能源投资与能源消费的科学引导作用。同时,加强对能源市场的综合监管,稳定市场交易秩序,实现能源经济活动上的公平竞争和整个能源经济体系的稳定运行。

第三,能源技术的创新是推动能源供给优化的关键驱动力。在新质生产力理念下,能源经济的各环节都有必要引入新技术、新方法。这不仅是提高利用效率的必然选择,也是降低能源消费的客观需要。例如,在煤炭资源的利用方面,可以积极引入煤炭气化、液化和高效燃烧技术,从而降低煤炭燃烧过程中的污染物排放量;在石油和天然气的开采方面,对标美国、法国、加拿大、挪威等能源强国,引入先进的勘探技术和采收技术,高效进行油气资源的开采;在能源转换方面,围绕燃料电池技术、热核聚变技术做文章,为能源供应开辟新道路。

在能源供给的优化过程中,社会和环境因素也必须加以考虑。例如,在能源项目的建设和运营过程中,不仅要关注项目自身效益的达成,更要全面尊重周边居民的切身利益和核心诉求,加强对项目环境影响及生态保护的分析,实现能源开发效益与生态环境效益的均衡。同时,要加强能源知识的宣传教育,持续提高社会居民的能源消费意识和绿色节能意识,形成全社会共同参与能源节约和环境保护的积极氛围。

此外,能源供给的优化也离不开国际合作。在当今社会,能源问题不仅是中国的问题,更是国际性、全球性的问题。面对能源供需、能源安全、环境保护和气候变化等方面的挑战,任何一个国家都不可能也不应该闭门造车。只有加强国际能源合作,才能实现能源资源在全球范围内的优化配置。对于每一个国家而言,这都是能源供给结构优化提升的必然选择。

第三节 国际能源供给波动的影响

在20世纪70至80年代,全球范围内先后发生了两次大规模的能源危机,影响极为深远。进入21世纪以来,全球能源市场依然是变化纷纭,供给波动时有发生。2023年,来自全球能源危机的一些直接压力已经缓解,但能源市场、地缘政治和全球经济仍不稳定,进一步恶化的风险始终存在。宏观经济情绪低迷,通货膨胀居高不下,借贷成本上升,债务水平上升。如今,全球平均地表温度已经比工业化前水平高出1.2℃左右,引发了热浪和其他极端天气事件,而温室气体排放尚未达到峰值。能源行业的生产活动也是空气污染的主要原因,全球90%以上的人口被迫呼吸受污染的空气,每年有600多万人因此而过早死亡。在一些国家,改善电力供应和清洁烹饪的积极趋势已经放缓,甚至出现逆转。在这种复杂的背景下,以太阳能光伏和电动汽车为主导的新型清洁能源经济的出现,为未来的全球能源供给带来了希望。可以说,国际能源供给波动的风险是客观存在而且将长期存在的。

一、国际能源供给波动的影响因素

从整体上来看,国际能源供给波动主要受以下多种因素的综合影响。

其一,生产能力。主要能源生产国的生产能力与技术水平会直接影响能源产品的供应量。例如,石油生产国的增产或减产政策会直接影响乃至在某种程度上决定全球的石油供应量。

其二,地缘政治。能源产区的政治局势不稳定、国家博弈、局部战争、武装冲突、贸易争端等会给能源的生产和传输造成不确定性,这可能直接或间接地导致供应量的剧烈波动和价格的变化。

其三,经济因素。一方面,全球宏观经济的发展状况、通货膨胀水平、利率和汇率波动等都会对能源价格产生影响,这可能会波及能源供应。另一方面,各国经济结构及居民收入的调整也会对能源供应产生传导作用。

其四,库存水平。全球主要能源消费国和生产国的能源库存水平对能源供给有着重要影响。一般而言,如果库存水平超过某种警戒线,能源市场上的供给必然会面临沉重压力。

其五,替代能源的发展。新能源技术进步,如太阳能、风能、水能等可再生能源开采技术的突破和成本降低,会在一定程度上改变能源供给结构。

其六,气候和季节因素。例如,如果出现温度骤升骤降、暴雨、大暴雪等极端天气,能源供应必然趋紧。

其七，环保政策。各国为应对气候变化而制定的严格环保法规和减排目标，可能促使能源生产和消费方式转变，影响能源价格。

从整体上来看，国际能源供给波动是多种复杂因素共同作用的结果，这些因素的变化和相互影响的机制也十分复杂。

二、国际能源供给波动的影响机制

国际能源供给波动对国内能源供给的影响机制可从以下几个方面进行认识。

其一，价格传导机制。国际能源供给波动可能影响国内的能源进口成本。受能源生产国能源政策等因素的影响，能源供给波动必然反映在出口量和价格方面，通常会抬升国内的能源进口成本。

其二，贸易渠道。国际能源供应的减少或中断会影响贸易渠道上的能源传输数量，这会给国内的能源贸易渠道带来压力。

其三，投资与合作。国际能源领域的投资和合作项目的变化会影响国内能源企业在海外的能源投资进程，这也可能间接地波及国内能源的供应。

其四，心理预期与市场信心。国际能源市场的波动会给市场参与者的心理预期和信心造成打压，他们可能有针对性地调整决策计划与行为策略，这可能会间接地影响到国内能源市场上的供需平衡。

其五，产业发展。国际能源市场上的供给波动可能间接地影响相关产业的成本和生产计划。如果这种波动足够大，甚至可能影响特定产业价值链的稳定和可持续发展。

从整体上来看，国际能源供给波动的影响是多维度、多方面、综合性的，需要深刻审视其影响机制并进行准确应对。

三、国际能源供给波动的一些具体影响

如前所述，国际能源供给波动会在多个角度影响国内能源供给。为了消除其中的负面影响，中国需要通过推动能源结构优化转型、提高能源自给能力、加强能源技术创新、强化能源战略储备及强化能源合作等途径来保障能源供应的安全性、稳定性与可持续性。要做到这一点，首先就要从整体上认识国际市场上的能源供给波动的具体影响。

其一，能源价格波动。国际能源市场波动很可能会冲击国内能源市场并影响到能源产品服务在价格上的稳定性。同时，这可能改变能源消费企业的成本结构，从而影响其生产计划的落实和经营决策的落地。对于社会居民而言，能源价格波动会给生活带来不必要的压力，甚至可能影响他们的消费欲望。

其二，能源安全。国际能源供应方面的不确定性会波及能源安全体系建设。例如，如果在进口能源的数量、价格及渠道上受制于人，则国际能源供给出现波动时可能会出现能源短

缺的问题,这就会给经济的正常运行乃至社会秩序的维护带来难以估量的负面影响。

其三,能源产业发展。对于能源产业而言,国际能源供给的波动意味着高度的不确定性,项目投资和未来发展都可能需要重新进行估量。例如,国际能源供给的减少可能造成上游原材料价格的上升,传导到中游能源加工企业时就会抬高其成本并干扰生产计划的落实,下游相关产业同样会受到类似影响。对于整个产业链而言,稳定性和竞争力都会受到削弱。

其四,能源结构调整。国际能源供应的变化可能促使国内加快能源结构调整的步伐。为减少对国际能源的依赖和应对能源价格波动,国内可能会加大新能源开发力度,这会间接地推动能源结构的优化调整。

其五,宏观经济稳定。作为重要的生产要素,能源供应和价格的波动会对宏观经济的平稳运行造成难以测算的影响。例如,国际能源供应波动造成的能源价格上涨甚至可能造成一定幅度的通货膨胀。这不仅会推高企业生产成本,还会影响经济的高质量发展与可持续发展。在国际能源供应出现短缺时,部分企业甚至可能不得不停工停产,这就会对整个产业链造成强力冲击。这种负面影响累积起来之后,必然会影响宏观经济的稳定发展。

第五章　新质生产力理念下的能源价格

在新质生产力理念下,能源价格不仅是市场经济中的一个经济指标,更是推动经济可持续发展、技术创新和环境保护的关键因素。以下是从新质生产力理念出发,对能源价格相关问题的总体阐述。

其一,能源价格与经济效率。与传统的强调资源投入的生产力模式相比,新质生产力注重以生产效率为枢纽来推动国民经济的健康可持续发展。对于能源消费企业及社会居民而言,合理的能源价格可以让他们妥善地安排生产生活,这有助于实现能源的集约利用,也有利于高效能源技术及节能产品的推广应用。

其二,能源价格与技术创新。能源价格的变动可以激励技术创新。较高的能源价格可以激发企业和研究机构开发新能源技术和提高现有能源的利用效率,从而推动能源产业的技术进步。

其三,能源价格与能源结构调整。不同品种能源的价格变动会影响其供需,这就会造成它们在能源结构中地位与角色的调整。在通常情况下,能源价格的上涨会引发企业及社会居民对低成本可再生能源、清洁能源的需求,有利于能源消费向低碳、无碳的方向转移,如地热能、氢能等。

其四,能源价格与环境保护。新质生产力理念绿色发展与可持续发展。合理的能源价格有助于帮助企业降低环境保护的成本,也有助于减少温室气体、污染气体的排放,这就会减少对生态环境的破坏与污染。

其五,能源价格与能源安全。合理、稳定的能源价格体系意味着较低的风险系数和相对平稳的能源市场秩序,这对能源安全有着重要意义。当然,合理、稳定的能源价格体系也关系到能源供应的品质,有助于减小能源方面的对外依存度。

其六,能源价格与社会公平。在新质生产力理念下,每一名社会成员都有机会享受生产力发展带来的效益。从这个意义上来看,能源价格的管控需要考虑对不同收入群体的影响,尤其要考虑中低收入群体的经济承受能力。

其七,能源价格与国际合作。在全球化背景下,国内能源价格必然会受到国际市场波动的影响。以能源国际合作为抓手,可以协同外部力量应对能源价格波动。这不仅有助于中国巩固在全球能源市场上的地位,也有助于保障全球能源市场秩序的稳定和可持续发展。

其八,能源价格与政策调控。考虑到中国的国情社情,政府在能源价格形成方面会长期扮演关键角色。通过税收、补贴等政策工具,政府可以从宏观上对能源价格进行管控。这是引导市场行为的必然选择,也将积极促进能源资源的优化配置。

其九,能源价格与市场机制。要使能源价格合理,完善的市场机制必不可少。在完善的市场机制框架下,价格因素将充分而有效地反映能源供需关系、成本变化等信息,这是建立和完善能源经济体系的重要基础。

其十,能源价格与长期规划。根据前文分析,新质生产力是面向未来的生产力,长远规划至关重要。因此,能源价格政策应与国家的长期能源战略和经济发展规划保持内在的一致性。只有这样,能源的可持续供应和经济的长期增长才有保障。

在新质生产力理念下,能源价格不仅是市场交易的结果,更是实现经济、社会和环境目标的重要工具。通过制定合理的能源价格政策,可以促进能源的高效利用、技术创新、环境保护和能源安全,推动经济的可持续发展(方行明等,2024)。

第一节　全球能源形势前瞻

能源是现代社会发展的基石,对于全球经济、社会稳定和生态环境保护具有无可替代的价值。在新质生产力理念下,应当加强对全球能源发展形势的认识,为国内能源经济建设方面的决策提供参考。

一、能源需求趋势

(一)全球经济增长与能源需求

如前所述,能源与经济息息相关。全球经济增长会刺激能源需求,反之亦然。

经济增长离不开工业生产的蓬勃发展、商业活动的兴盛和居民消费水平的提升。例如,机械制造业的蓬勃发展意味着原材料加工、机器设备及生产线规模的扩张,这都避不开能源驱动。同时,新工厂建设、产能提升、项目扩展等会刺激能源需求。同理,物流运输、仓储、批发零售、金融服务等是商业活动的重要表现形式,都离不开能源的支撑。因为,货物运输离不开燃油和电力,办公楼宇照明、空调等设施运转同样需要能源支持。从居民消费的角度来看,随着社会经济的发展进步,居民收入和消费能力持续提高,对住宅、智能家居、交通工具等耗能产品的需求也会水涨船高。此外,在新的消费理念下,外出旅游成为生活方式的重要组成部分,这也会加大对能源的消耗。

反过来,充足、持续、稳定的能源供应是经济健康可持续发展的动力引擎和战略保障,而能源价格的波动则会对企业生产制造成本和社会居民消费支出产生传导作用。能源价格的意外大幅上涨会给企业带来沉重的压力,有时候管理者会被迫选择减产、转产甚至停产。类似地,对于消费者而言,能源价格上涨会带来程度不等的生活压力。随着可支配收入的下降,消费需求和消费活动必然会受到抑制。对于经济增长而言,这些波动都是非常不利的。

此外,在新质生产力理念下,技术进步会在多个领域有所体现,在能源生产和能源利用方面同样如此。随着能源利用效率的提高,需求端的压力会有所减轻。当然,从总体上来看,经济增长与能源需求之间有着正相关关系。所以,全球经济的长期稳定增长离不开可靠的能源供应与高效的能源利用。

(二)能源需求结构变化

在2020年以后,全球经济缓慢复苏,新兴市场经济体都在提振社会经济狠下功夫,这会在一定程度上刺激能源需求。同时,在新质生产力理念推动下,能源效率加速提升,终端能源需求将达峰。从整体上来看,煤炭、石油、天然气作用下降,可再生能源快速扩张,电气化程度提高,低碳氢使用增多成为能源需求结构方面的整体态势。

首先,煤炭、石油等传统化石能源在能源消费结构中的占比逐渐下降,需求增长速度放缓。一方面,在新质生产力理念推动下,能源使用效率持续提高,绿色节能技术得到普及推广,对煤炭、石油等传统化石能源的依赖程度会持续走低。另一方面,各国纷纷出台环境保护政策,民众的生态环境保护意识日益增强,这都会对煤炭、石油等传统化石能源的需求产生"降温"作用。相对而言,在传统化石能源中,天然气具有相对绿色清洁的特点。在能源消费低碳转型的过程中,天然气将扮演过渡品的角色,在供暖、发电和调峰供电等方面的地位会有所提升。

其次,可再生能源的需求快速扩张。近年来,许多国家和地区都制定了积极的可再生能源发展目标,在这一领域的投入迅速增加。在技术和项目投资持续取得进展的前提下,太阳能和风能的装机容量在全球范围内都实现了大幅增加,同时,成本呈现出明显的下降趋势。因此,太阳能和风能等可再生能源在能源需求方面的比重呈现出持续上升的趋势,其在发电领域的应用会越来越广泛。

再次,电气化程度提高。一方面,电气化程度的提高会刺激电能需求。例如,电动汽车的普及推广及工业生产中电动设备的应用增多会给电力系统带来利好。另一方面,在新质生产力理念下,电气化程度的提高意味着能源效率的提升和单位能耗的降低,这会对能源需求产生抑制作用。同时,如前所述,可再生能源发电在电力供应中的重要性会越来越高,这会降低对传统化石能源的依赖,推动能源消费持续向低碳方向转型。值得指出的是,清洁电气化是全球能源经济转型早期阶段的主导性议程,体现着对效率改进的追求。

最后,低碳氢使用增多。低碳氢,也被称为绿色氢,来自电解水过程,在整体上具有零温室气体排放的特点。在碳达峰碳中和框架下,作为清洁能源的低碳氢充分迎合了市场,需求会持续增加。它既可以被当作工业原料,还可以应用于发电、供暖、交通等方面,是传统化石能源的理想替代品。随着技术的发展进步和成本的控制，低碳氢的应用范围将越来越广。预计到 2050 年，氢能能够提供能源需求的 18%，这不仅能够创造 3000 万左右的就业机会和 2.5 万亿美元以上的市场，还能够实现减少 60 亿 t 以上的温室气体及污染物排放（李猛，2022）。

当然，能源需求的地区性差异问题也值得引起研究者和能源企业的重视。从整体上来看，新兴经济体有着强劲的能源消费需求，发达国家则更青睐天然气与可再生能源。

从整体上来看，全球能源需求结构正在向绿色清洁、低碳环保和多元并存的方向发展。在短期内，煤炭和石油的主导地位仍然较为稳固。从长期来看，可再生能源、清洁能源将后来居上。值得注意的是，能源消费的低碳转型不可能一蹴而就，仍然面临诸多艰巨的挑战。

（三）人口增长与能源需求

归根结底，是人在使用能源。从这个意义上来看，全球人口增长与能源需求的关系值得引起重视。

任何一个人的生活都离不开能源支持。新增人口意味着更多的生活能源需求，如照明、取暖、烹饪等。同理，新增人口意味着家庭数量的增加，这就会在一定程度上刺激住房建设水平的提高。在建筑施工及住宅日常运行过程中，大量的能源消耗是必不可少的。因此，全球人口的持续增加会刺激能源需求上涨。

从工业角度来看，人口增长意味着劳动力队伍的扩大，工业生产规模会随之水涨船高。相应地，生产设备的运行维护、原料的各级加工、产品的物流运输都会增加能源需求。

从交通角度来看，人口增长意味着出行需求的提升。无论使用何种交通工具，对能源的消耗都必不可少。

从城市化进程的角度来看，大部分国家都面临着城市化进程日益加快的问题。在城市基础设施的建设和运行过程中，大量的能源投入是必不可少的。密集的城市人口意味着大量的能源需求，对能源的精细分配也提出了强有力的挑战。

从理论上来看，人口增长与能源需求并非简单的线性关系。在新质生产力理念推动下，能源结构向低碳清洁的方向发展，能源效率持续提高，环保节能技术的推广应用程度越来越高。对于能源需求而言，这些因素可能带来一定程度的压力缓解。同时，人们的能源消费观念和行为也在持续改善，对可再生能源、清洁能源的需求会持续增加。

从整体上来看，近年来全球人口呈现出持续增长的趋势，这会带来巨大的能源需求。全球各国都有必要加快能源低碳转型和能源技术创新的步伐。只有这样，才能有效缓解不断增长的人口对能源需求造成的压力。

二、能源供应格局

能源的供应涉及勘探、生产、运输、储存、分配等多个环节。在全球范围内，能源供应格局受到政治、经济、地缘、技术、文化及环境等多种因素的影响。同时全球能源供应格局还具有动态变化的特点。

从政治因素的角度来看,能源供应国和能源消费国都会从国家发展战略的角度分析和处理能源问题,相互之间会展开复杂的博弈。能源定价权、能源通道的安全性和控制权、国际能源机构和协议的制定都影响着能源供应格局的演化。例如,石油输出国组织(Organization of the Petroleum Exporting Countries,OPEC)等组织会利用产量、交易模式、支付手段来对能源供应进行控制。

从经济的角度来看,全球经济增长会增加对能源的需求,而技术进步和新兴经济体能源经济体系会影响能源供应格局的演化。例如,以沙特阿拉伯为代表的石油生产国会根据全球经济的发展态势及国际能源市场的动向来调整能源生产结构。

从地理分布上看,世界上大部分的化石能源资源(如石油和天然气)主要集中在中东、俄罗斯和北美等地区。中国、印度、韩国、日本、德国及部分其他欧洲国家则对进口能源有较高的依赖度。与此同时,可再生能源的发展也呈现出地域差异。例如,欧洲国家和美国比较重视风能的应用,而中东国家则更多地希望通过利用太阳能来实现能源低碳转型(邱月,2022)。总之,能源资源分布不均导致供应的地区差异明显,中东、俄罗斯等在很长一段时间内都会是主要的石油和天然气出口地区,而一些能源匮乏的国家和地区则不得不面临进口能源依赖度过高的压力。

技术进步也是能源供应格局变化的关键因素。从化石能源的开采到清洁能源的利用,新技术的出现和完善不断影响着能源的生产、转化和消费方式。例如,页岩气的开发在很大程度上重塑了全球能源供应的整体格局。再如,太阳能和风能技术的发展则推动能源供应向绿色低碳、清洁环保的方向发展。

环境因素同样也是能源供应格局变化的关键因素。随着社会经济的发展,各国对生态环境的重视程度都在日益提高,为了应对复杂多变的气候问题和环境问题,各国都较为重视温室气体排放量的控制和能源效率的提高,这必然会造成全球能源供应结构中可再生能源、清洁能源比重的增加。

从能源品种的角度来看,煤炭、石油和天然气等传统化石能源在全球能源供应体系中仍然占据主导性地位。但是,它们的供应增长会受到储量有限、开采成本高、环境政策约束和新能源挑战等的限制。

综上所述,全球能源供应格局是一个多元互动的复杂系统,受到多重因素的影响。在未来,随着技术的进步、经济的发展和环境政策的推动,全球能源供应格局将继续演变,并向更加多元化、清洁化和可持续的方向发展。

三、能源技术创新

在新质生产力理念下,政策支持、市场需求、科研投入和国际合作等因素给能源技术的创新发展提供了强劲的动力支撑。通过对有关文献资料的梳理,结合对能源技术前沿动态的考察,可以将全球能源技术创新的整体态势归纳为以下几个方面。

首先,可再生能源技术的发展势头迅猛。近年来,全球各国的能源企业都认识到了太阳能、风能、地热能等可再生能源在发电效率及成本方面的优势。这一领域的技术持续获得进步,成本则逐年下降。相应地,可再生能源在能源供应结构中的占比不断提高。与此同时,储能技术也不断取得突破,进一步强化了可再生能源的地位。

其次,能源效率提升技术受到高度重视。在大数据、互联网及人工智能等前沿技术的帮助下,能源互联网、智慧能源管理系统等概念出现在人们的视野中并得到了广泛的应用,能源的优化配置和智能调度备受重视,能源利用效率得到大幅度提升,能源浪费问题得到了一定程度的解决。

再次,氢能技术逐渐崭露头角。正如前文曾经指出的那样,低碳氢具有独特的优势。以中国、日本为代表的国家在制氢、储氢和用氢相关技术的研发上持续投入,推动了氢能在交通、工业生产等领域的应用。可以预测,在未来,氢能技术将持续获得突破并推动能源消费结构的优化提升。

此外,从创新模式的角度来看,围绕能源的跨领域合作、国际合作不断走向深入。不同学科的交叉融合及各国之间的技术交流合作有力地推动了能源技术创新的进程(曾诗鸿等,2021)。

当然,能源技术创新过程并非是一帆风顺的,面临的挑战也不容忽视。例如,部分关键技术仍有待进一步突破,技术创新成果的转移及大规模商业化应用还会受到传统能源经济体系的制约。此外,资金投入、风险控制和政策支持等方面也面临着一些挑战。

进入21世纪以来,全球能源技术创新快速发展。虽然存在着一定的挑战和压力,但前景无疑是十分广阔的。在新质生产力理念下,随着技术的不断进步和创新环境的不断优化,能源技术创新能够为能源经济体系建设添砖加瓦。

四、能源政策与法规

在任何一个国家和地区,能源都关系着国计民生。因此,各国纷纷出台与之有关的政策法规,这对能源经济体系的建设和运行起到了保驾护航的作用。

其一,目标导向。从整体上来看,能源政策法规是顶层设计的重要组成部分,总是围绕着特定的目标展开,如保障能源供应安全、稳定能源市场、激励研发创新、提升能源利用效率、促进经济可持续发展、应对气候恶化、保护生态环境等。这些目标不仅决定着政策法规的体系和内容,也影响着政策法规的走向。

其二,能源结构调整。在能源低碳转型成为国际潮流的背景下,许多国家和地区的政策法规都体现了能源结构调整这一主题,出台了很多针对可再生能源的政策法规,如专项财政补贴、项目审批流程简化、上网电价优惠等。

其三,能源效率提升。为了实现能源的高效利用,也为了减少不必要的能源浪费并保护生态环境,各国纷纷在工业、交通、建筑等多个领域制定有针对性的能效标准和管理规范。例如,针对高能耗设备设定强制性能效指标和使用年限,鼓励推广节能技术和产品等。

其四,能源市场机制。在当前,市场经济成为了各国经济发展的主流模式,能源政策法规也顺应了这一模式,构建公平、透明、竞争有序的能源市场成为一种共识。能源市场机制在政策法规方面主要体现在价格管控、市场准入、反垄断、反不正当竞争等。

其五,能源安全保障。能源安全是国家安全体系的有机组成部分,各国能源政策法规无不以此为核心。具体而言,与能源安全有关的政策法规涵盖能源战略储备、能源进口多元化、能源基础设施建设与维护等方面。

其六,技术创新支持。为推动能源领域的技术进步,各国出台了一系列鼓励研发的政策法规,如大型项目建设支持、科研经费激励、知识产权保护等。

其七,国际合作与协调。在全球化背景下,各国的能源政策法规都不得不考虑全球能源治理格局。以国际性能源组织为载体,各国政府主要通过签署能源贸易协议、加强技术交流合作、共同应对全球性能源挑战等措施来实现能源资源的优化配置与能源问题的国际协调。

其八,社会与环境考量。随着公众环保意识的提高,各国政府在制定能源政策法规时对减少能源生产消费负面影响问题十分关注,这有利于平衡能源发展与社会可持续发展之间的关系。

从整体上来看,全球各国的能源政策法规相互关联、交叉影响,不仅会影响能源资源的跨国配置,更在一定程度上塑造着全球能源的未来发展格局。

五、能源与生态环境保护

能源与环境之间的关系较为复杂,需要综合考虑能源分布、供需、技术及社会意识等多个方面,只有通过全球的共同努力,才能实现能源的可持续供应和环境的有效保护。

(一)能源开发的环境影响

自古以来,能源开发就是一个复杂的社会性问题,对生态环境有着重要影响。首先,能源资源分布不均,不同地区的能源开发规模存在显著差异,能源开发方式也各有千秋。例如,资源丰富地区可能出现过度开发的问题,这会造成难以修复的生态环境破坏;资源匮乏地区可能使用高污染手段来进行能源开发。其次,全球能源需求持续增长,促使各国加大能源开发力度。在开发过程中,各种环境问题不断发生。例如,煤炭开采会造成地表沉降,石油钻探则带来海洋污染等。尤其严重的是,这些问题可能会跨越国界而造成难以消除的负面影响。再次,技术水平的差异影响着能源开发的环境友好程度。发达国家可能拥有更先进的环保技术,而发展中国家则会不惜涸泽而渔地进行资源粗放开发。此外,气候变化是全球性挑战,能源开发中的温室气体排放加剧了这一问题。总之,只有从全球视野综合考量才能全面认识能源开发的环境影响。这也要求各国站在人类命运共同体的高度来寻找有效的解决方案,从而实现能源发展与环境保护之间的平衡。

(二)能源消费与气候变化

目前,在全球能源消费结构中,煤炭、石油、天然气等传统化石能源仍然占据主导地位。这些能源的开发利用过程会产生大量温室气体,这也是生态环境恶化、气候剧变的重要原因。同时,应当认识到,不同国家和地区在能源消费水平和结构方面有着显著差异,发达国家是能源消费大户,发展中国家的能源需求也在持续快速增长。此外,能源消费模式影响着气候变化的速度和程度。例如,高能耗、低效率的消费方式意味着温室气体的大量排放。

(三)能源转型与环境保护

如前所述,全球各国都十分重视向低碳能源的转型,这有助于减轻能源开发对环境的负面影响。从总体上来看,环境保护关系到全人类的命运,能源转型则是生态环境保护的关键所在。只有各国协同努力,制定减排目标并遵守共同的环保标准,才能有效推动能源转型,为子孙后代留下绿水青山。

六、能源安全与挑战

考虑到能源安全在国家安全体系中的特殊地位,认识这方面的全球性挑战是十分有必要的。

首先,能源资源分布不均的现象客观存在,一些国家和地区不得不以进口能源来解决需求问题。但是,在自然灾害、技术故障、国际能源市场波动、地缘政治冲突等因素的影响下,这些国家面临着严重的能源供应中断问题。在一些发展中国家,仍有大量人口无法获得可靠和清洁的能源供应,这就在事实上构成了能源贫困的问题。能源贫困的问题不仅影响国民生活质量的提高,更会从根本上制约社会经济的健康可持续发展。

其次,能源技术发展不均衡的问题值得引起重视。虽然全球各国都十分重视能源技术问题,但不同国家的技术积累、技术储备、技术实力有着明显的差异。一些在这些方面相当滞后的国家不得不面对能源开发效率低、成本高的压力,这必然会带来能源安全方面的问题。

再次,气候变化对能源安全也提出新要求。面对这种要求,减少温室气体和污染物的排放势在必行。但是,对有的国家和地区来说,基础设施建设不足、技术突破困难等问题会构成严重限制。值得指出的是,一些发达国家则会利用政策、资本、商业模式及技术等方面的优势来实现温室气体和污染物排放的转移。

最后,能源运输管道、电网等基础设施面临网络攻击、恐怖袭击等威胁,需要加强安全防护和应急管理(方时姣和朱云峰,2022)。

第二节　能源价格波动的影响

能源价格波动对经济和社会的影响广泛而深远,以下从宏观经济、金融市场、产业结构、企业经营和社会民生五个角度来进行阐述分析。

一、对宏观经济的影响

对任何一个国家和地区来说,宏观经济的运行都需要以能量为驱动因素。因此,能源价格波动对宏观经济会产生深刻而多维度的影响。

从经济增长的角度来看,能源价格的波动会影响企业的成本结构,更有可能造成利润空间的挤占。为了对冲这种影响,管理者可能减小生产规模甚至停产转产,也有可能推迟甚至暂停一些投资计划。这种措施累计起来,必然会对整个国民经济造成负面影响。从以往的经验来看,石油价格上涨通常都会伴随着工业生产的放缓和短期内的GDP增长率下降。

从通货膨胀的角度来看,能源价格的波动会影响社会平均生产成本并间接地拉高物价指数。例如,能源价格上涨会造成制造业运营成本的提高。为了实现盈利目标,企业不得不提高出厂产品的价格,这就会造成通货膨胀压力。如果这种上涨速度较快且持续时间较长,甚至可能在全国乃至全球范围内引发通货膨胀,其结果则是企业成本和居民生活成本的同步上升。

从国际收支方面的角度来看,那些能源进口国会因为能源价格的上涨而面临日益扩大的贸易逆差、不断下滑的外汇储备量和日渐恶化的国际收支状况。当然,对于能源出口国而言,能源价格上涨则意味着更多的外汇收入,这会大大改善其国际收支情况。从全球范围内来看,能源价格波动会对国际贸易和资本流动产生复杂的影响,甚至可能改变全球各国的经济实力及竞争力格局。

二、对金融市场的影响

能源属于大宗商品,其价格波动会冲击到金融市场。一方面,能源类企业在各国股票市场上都有着突出地位,其股价与能源价格直接挂钩。能源价格上涨通常意味着能源类企业盈利水平和市场竞争力的提升,其股价往往会全线飘红。反之亦然,能源价格下跌会造成能源类企业股价的下跌。另一方面,能源价格波动会通过产业链传导到其他相关行业,这同样会影响企业股价。

在金融市场上,能源期货和能源期权是重要的衍生品。能源价格波动带来的风险会对这些衍生品的价格和交易活跃度带来程度不等的冲击。出于对利益的追求,投资者会通过套期保值或投机交易等手段来控制能源价格风险。然而,过度的、没有得到周密监管的投机活动可能会放大能源价格的波动并增加金融市场的不稳定性与脆弱性(史亚荣和赵爱清,2023)。

能源价格波动还会影响债券市场。对于那些发行了债券的能源企业而言,能源价格波动会影响其偿债能力和信用评级,其债券的收益率和风险溢价也会随之被进行不同的评定。此外,能源价格波动引发的宏观经济形势变化也会对债券市场的收益预期产生影响。

在全球各国金融市场交叉影响的大背景下,能源价格波动的影响不仅不再局限在一国之内,还会间接地影响到与能源相关的其他品类的金融资产。在风险传导机制的作用下,这甚至可能诱发全球性的系统性的金融风险并造成信贷紧缩与金融市场动荡。

三、对产业结构的影响

对于不同的产业而言,能源的影响力各有不同。因此,能源价格波动对不同产业的影响也有所区别。相应地,能源价格波动会在一定程度上带来产业结构的重塑。尤其是对于钢铁、化工、建材这些高能耗行业而言,能源价格的波动会影响其生产成本和盈利水平。为了对冲能源价格波动的影响,这些企业可能会采取研发新技术、引入节能减排手段等来提高能源利用效率。在能源价格波动剧烈的情况下,这些企业可能会转向本国能源价格较低的地区甚至国外开展生产运营。

对于非能源密集型产业而言,能源价格波动的影响力处于可控范围之内。但是,这并不意味着能源价格波动就毫无影响。例如,能源价格波动会影响消费者的需求偏好,这就会对非能源密集型产业的发展产生间接影响。同时,能源价格波动必然会造成能源资源在社会范围内的配置,这就可能间接地影响不同产业之间的相对竞争力甚至国民经济体系中的地位。

从长期来看,能源价格的持续波动会引导国有资本和社会资本流向能源效率高、技术创新能力强的产业、企业,这对优化产业结构、转变经济增长方式具有重要意义。例如,在能源价格大幅度上涨时,具有成本优势的可再生能源产业、企业将获得更多的投资和发展机会。

四、对企业经营的影响

对于多数企业而言,能源是生产管理过程中的重要因素。从这个意义上来看,能源价格波动会影响其生产成本及管理决策。通常情况下,能源价格上涨必然造成原材料采购、物流运输和能源消耗等方面的成本上升,这必然意味着利润的下降。这就要求企业通过产品结构调整、生产流程优化、能源利用效率改进等途径来应对能源价格波动带来的经营风险。

从定价策略的角度来看,能源价格波动同样意味着一种不确定性。当能源价格上涨时,企业有可能通过成本向消费者的转嫁来达成预期利润目标,通常表现为提高产品定价。但是,这有可能带来需求下降的问题。面对能源价格波动,管理者不得不在成本转嫁和市场份额之间进行比较、权衡和取舍。

从投资决策的角度来看,能源价格波动意味着未来的市场走向充满变数。受此影响,企业可能减少那些依赖能源投入的项目。类似地,企业可以增加在可再生能源、节能减排等方面的投资。这种能源价格波动下的投资决策更改不仅可以起到对冲风险的作用,还可以减少对传统能源的依赖。

从供应链的角度来看,能源价格波动会影响运输物流的成本。为了解决和对冲这种供应链中断的风险,企业有必要采取改善库存管理、优化供应链网络等方式。

五、对社会民生的影响

古语有云:"柴米油盐酱醋茶",其中的"柴"其实就是指能源。可以说,自古以来,能源就是社会民生的根基之所系。因此,能源价格波动对社会民生同样有着复杂的影响。

在日常生活方面,能源价格的波动会影响每一个家庭在这方面的支出。对于低收入家庭而言,能源价格的上涨会降低其生活质量,也会危及福利水平。举例来说,取暖费用的小幅度增加都有可能使一些低收入家庭通过削减其他方面的开支来进行应对。

从交通出行的角度来看,能源价格的波动会影响社会居民出行方式的选择和交通费用的支出。即使从公共交通的角度来看,能源价格上涨也会间接地增加乘客的出行开支。

从社会服务的角度来看,能源价格的波动会影响公共福利。这是因为,在行政管理机关、教育部门、医疗机构的运营成本中,能源都占据着一定的比例。从这个意义上来看,能源价格上涨可能影响这些机构提供公共服务的质量。在财政预算不足的情况下,相关公共服务的可及性都很有可能受到负面影响。

从社会秩序的角度来看,能源价格的波动可能诱发社会不满情绪并波及社会秩序的稳定。所以,在制定能源政策的过程中,政府需要全面考虑能源价格波动对社会民生的影响,采取相应的补贴、调控和保障措施来予以预防和解决。

第三节 能源定价权之争

一、能源定价权的定义与价值

在能源领域,定价权指的是决定能源产品价格的能力和影响力。换言之,拥有定价权的国家、组织和机构可以相对自主地设定能源产品的价格水平,也能够对其形成和变动产生重要影响甚至施加主导作用。通常情况下,是否有能源定价权受能源资源储量、能源生产水平、能源技术创新能力、市场份额、国际能源治理格局中的地位等因素影响。谁拥有强大的能源定价权,谁就能够在能源交易中居于主动地位并从中获益。因此,那些拥有能源定价权的国家、组织和机构对全球能源市场能够产生在这方面"失语"的主体所无法比拟的影响。

在能源领域,拥有定价权是国家、组织和机构取得战略优势的核心因素。具体而言,拥有定价权至少可以带来以下五个方面的价值。

其一,经济利益最大化。通过对能源价格的控制,国家、组织和机构可以相对顺利地实现经济利益最大化的目标。例如,掌握能源定价权的生产商可以根据预期利润来设定价格水平。在供应趋紧、需求旺盛的情况下,这种价格掌控可以帮助生产商开拓市场,这对其财务健康和业务扩展十分有利。同时,拥有定价权还可以帮助国家和地区在全球能源治理市场格局居于优势地位。也就是说,这些国家和地区可以通过价格策略的调整来获取竞争优势。

其二,市场稳定性提升。同其他领域类似,价格波动与供需、供应链及其他外部冲击相关。如果一个国家、组织或机构拥有了能源定价权,就可以采取有效措施保障自身能源供需上的平衡,这就可以在相当程度上避免国际能源市场价格波动对经济体系、产业结构及社会民生的冲击。对于能源政策的设计执行、能源行业发展规划、长期能源项目投资而言,能源定价权显得至关重要。这是提升市场参与者信心的稳定器,也是能源市场不确定性的压舱石。

其三,国际影响力增强。在全球能源市场上,拥有定价权的国家或企业可以对全球能源政策和经济动向施加关键性影响。例如,通过掌握石油供应的定价权,石油输出国组织在国际市场上可以呼风唤雨。国际能源市场的发展经验表明,拥有定价权的国家不仅可以在国际性谈判中一言九鼎,还可以在全球能源战略制定与实施中发挥主导作用。

其四,创新和技术投资激励。对于国家和企业而言,拥有能源定价权可以通过地缘政治、资本等方面的优势发挥来增强技术创新能力。例如,企业可以通过能源价格的控制获得超额利润,其中的额外收益可以用于可再生能源技术、智能电网技术等方面的科技创新。这不仅可以提升企业技术实力,还可以推动整个行业竞争力的提升。

其五,风险管理和财政稳定。拥有能源定价权还可以帮助国家或企业更好地管理能源价格波动带来的风险。通过制定和调整价格策略,这些主体可以在面对市场波动时保持财务稳健。例如,国家或企业可以凭借长期合同或期货市场进行价格锁定,从而减少市场价格波动对财务状况的影响。此外,稳定的能源价格还能为财政预算提供可靠的预测依据,这有利于经济政策的制定和落实(史亚荣和赵爱清,2023)。

综上所述,在能源领域拥有定价权可以获得优势竞争地位。这不仅可以在经济上直接获益,还可以提高市场稳定性、国际竞争力,也可以积极创新技术带来稳健的财政表现。从这个意义上来看,对能源定价权的争夺是必然会发生的。

二、中国能源定价权现状

近年来,作为全球最大工业国家的中国在国际能源贸易中一直扮演着"超级买家"的角色,能源对外依赖程度较高。但是,与这种"超级买家"地位不相符的是,中国面临着严重缺失能源定价权的尴尬局面。在现有以欧美国家为主导的全球能源定价规则下,中国一直处于被动地位,经济损失难以估量。

首先来看石油国际定价权。石油是现代工业之母,不仅具有经济属性,甚至被赋予了一定的政治属性。正因为如此,石油定价权可以被作为能源定价权领域的重中之重。长期以来,作为强国的欧美国家和作为主要石油生产国的中东国家及俄罗斯在这方面进行了复杂的博弈。20世纪上半叶,西方石油跨国公司主导着石油国际话语权。20世纪70年代起,石油输出国组织接过了权杖。在20世纪末到21世纪初,石油定价权方面出现了主体多元化的局面。对于石油进口大国中国而言,参与国际石油定价权竞争的意愿十分强烈。近年来,欧美国家、日本和俄罗斯都加强了石油战略储备和石油期货市场建设,美国更是掀起了一场页岩气革命,在国际石油定价权方面有了更强的话语权。中国也在不断加强石油战略储备,上海原油期货也有渐露峥嵘之势。但是,相对于能源强国而言,中国在这方面起步太晚,差距太大。国际油价和国外汇率变动经常对中国石油价格产生强烈冲击。就石油期货价格功能发现而言,中国的发展压力依然十分大。

在煤炭国际定价权方面,中国虽然拥有丰富的煤炭储量,煤炭消费量也十分之大,但并未掌握煤炭进口定价权。以澳大利亚、印度尼西亚为代表的煤炭出口国长期占据全球煤炭贸易网络的中心,议价能力十分出色,牢牢把控了煤炭国际定价话语权。同时,以日本、韩国为代表的煤炭进口大国在这方面的表现也十分亮眼。目前,位于纽约和乔治亚州的两大国际煤炭期货市场使美国成为世界级的煤炭定价中心。相比之下,中国煤炭期货市场建设步履艰难,目前以焦炭期货和动力煤期货两大种类为主,煤炭定价议价能力比之美国、澳大利亚、印度尼西亚、日本、韩国要逊色不少。

作为全球最大的能源消费国之一,中国在国际天然气定价权和话语权方面的表现近年来有所改善,但提升空间依然很大。在需求方面,中国对天然气的需求持续增长,在全球天然气市场中的地位逐年提高。但是,中国的天然气产能比之需求量显得严重不足,进口依赖度居高不下,给国际市场定价上的话语权造成了一定程度的负面影响。针对这种局面,中国积极推进天然气市场改革的同时,也在努力发展天然气期货等金融衍生品。从整体上来看,天然气基础设施建设水平不断提高,互联互通的全国管网已初步铺设完成,供应和调配能力不断提高。同时,中国加强了与主要天然气供应国的合作,力争在进口价格和供应条件方面有所突破。从总体上来看,中国在国际天然气定价权方面正逐渐发力,但要实现更大程度的定价主导权,还需要在市场改革、金融创新、国际合作等方面持续努力(李怀政和金扬益,2021)。

从可再生能源、清洁能源的角度来看,中国在国际定价权方面的影响日益提升。首先,中国在这方面拥有全球最大、最完整的产业链。在太阳能、光伏发电、风能、电动汽车等方面,中国有着全球首屈一指的生产能力,可以通过规模经济效应来降低成本,这可以在相当程度上影响全球可再生能源产品与清洁能源产品的价格。其次,在技术创新方面,中国企业以新质生产力理念为指引,不断加大研发投入,在电池技术、储能技术等关键领域持续突破。在可再生能源产品与清洁能源产品性能提升、成本下降的前提下,国际定价话语权有了可靠保障。再次,在新质生产力理念推动下,中国成为了全球最大的新能源消费市场之一,销售网络遍布全国各地,在与国际供应商进行价格谈判时有了高度的自主性。此外,中国企业积极参与国际市场上的新能源合作,在这一领域的对外投资规模不断扩大,积累了丰富的运作经验并构造了强大的品牌影响力,为全球定价权奠定了坚实的基础。

三、中国能源定价权不强的原因

通过前文分析,中国在国际能源市场上的定价权在整体上是相对偏弱的。根据国内学者的研究,结合对国际能源市场的认识,可以将原因归纳为以下几个方面。

其一,能源对外依存度较高。改革开放以来,中国逐渐发展成为全球最大的工业国,有着天量的能源消耗需求。但是,相比之下,煤炭、石油、天然气的储量和开采量都显得入不敷出。因此,这些能源的进口依赖度较高。在国际能源价格出现波动时,其他国家都明知中国需要大量采购能源,自然不肯在定价权方面有所放松。

其二,能源储备体系不完善。供需关系影响甚至决定着价格是市场经济的常识。虽然近年来中国在能源战略储备体系建设方面下了很大功夫,但与能源强国相比仍显得规模不足。与此同时,储备的能源种类和分布也存在一些结构性的缺陷,难以有效而全面应对全球能源市场的波动。如此一来,就很难有针对性地进行能源供需调节,在国家能源市场上的定价权也就受到了负面影响。

其三,能源金融市场发展相对滞后。从国际范围内来看,能源定价与金融市场有着千丝万缕的关系。在能源期货、期权等金融衍生品交易方面,中国起步较晚,市场规模较小,活跃度相对较低。从整体上来看,中国能源金融市场还很不成熟,能源企业和有关机构在套期保值和风险管理方面还显得技术滞后、经验不足。以期货市场为例,国内能源期货市场主要由央企主导,期货公司持仓规模有限且十分零散,交易量和交易活跃程度比之欧美发达国家远远不如。此外,中国、日本、俄罗斯在能源期货市场上合作不足,在面对全球能源期货市场波动时显得竞争力有限。从整体上来看,中国的能源期货价格发现功能还处于起步阶段,难以充分发挥价格基准功能。

其四，能源市场结构不够多元化。中国的能源市场结构在一定程度上较为集中，主要依赖少数大型能源企业。这种相对集中的市场结构限制了市场竞争和创新，使得在应对国际能源价格波动和定价机制时灵活性不足。同时，中小型能源企业在国际市场上的参与度较低，难以形成多元化的市场力量。

其五，缺乏国际能源定价的规则制定权。国际能源市场的定价规则和机制主要由欧美发达国家和国际能源组织主导。中国参与国际能源市场、加入国际能源组织的时间较短，在规则制定方面显得影响力不足，也缺乏在国际能源舞台上根据自身利益制定定价规则的能力。从整体上来看，中国目前还不得不遵循现有的、不利的国际能源定价规则，定价权、话语权亟待提升（李怀政和金扬益，2021）。

此外，人民币国际化程度有待提升等也与中国能源定价权不强的问题存在内在联系。①归根到底，能源定价权与能源交易活动中使用的货币密切相关。长期以来，美元在国际能源市场上占据突出地位，在交易和定价上有着雄厚的基础。相比之下，人民币国际化还有很长的路要走，在国际能源交易中的地位还有待提高，这也对中国的能源定价权造成了一定程度的负面影响。②人民币国际化程度有待提升与中国金融市场开发度不高之间存在内在联系。作为社会主义国家，中国金融市场具有相当的特殊性。就目前的情形来看，中国金融市场还不够发达和成熟，在很多方面还不能和美国、英国等金融强国相比，这也制约了人民币在国际能源市场上的影响力。在未来，中国将逐步由金融大国迈向金融强国，这将有助于人民币在能源定价中的话语权。③一个国家的货币国际化程度与其经济实力和国际地位密切相关。中国已经成为世界第二大经济体，但产业结构、科学技术等方面还存在较大提升空间，这也间接地影响了中国在全球能源治理格局中的地位。当然，这也是中国能源定价权不强的一个原因。

四、提升中国能源定价权的若干对策

在由能源大国向能源强国转变的过程中，提升中国在国际能源市场上的定价权非常有必要。在新质生产力理念下，这需要深化能源定价机制改革，多策并举地完善中国能源规制体系。

第一，降低能源对外依存度。首先，加强能源勘探与开发。加大对石油、天然气、煤炭等传统化石能源的勘探力度，同时大力发展风能、太阳能、水能、地热能等可再生能源，切实提高能源自给能力。其次，以新质生产力理念为指引，在能源开采、转化和利用技术创新上做文章，全方位提高能源利用效率。此外，逐步提高可再生能源在能源消费中的比重，减少对传统化石能源的依赖。

第二，打造完善的能源战略储备体系。首先，建立多元化储备体系。以国家战略储备、地方应急储备和商业储备为框架，打造多层次能源战略储备体系，确保在不同层级和领域都有足够的能源安全保障。其次,优化储备结构。根据能源供需形势,合理分配各品类能源的储备比例,确保储备比例与国家能源消费结构实现动态精确匹配。再次,提高储备设施建设水平。对标能源强国,以安全性和可靠性为准绳,以现代化水平为宗旨,加强储备设施的建设和维护,适应不同类型能源的存储需求。

第三,强化能源金融市场建设。首先,加快能源管理体制变革进程,鼓励社会资本进入能源金融市场。以流动性和交易活跃度为基准,全方位优化能源金融市场结构。其次,对标欧美能源市场建设标准,增加能源衍生品的品种和数量。在条件允许的前提下,吸引外资进入中国能源金融市场。此外,加强与俄罗斯、日本等周边国家在国际能源金融市场上的合作。

第四,优化能源市场结构。一方面,打破传统能源市场上的垄断局面,引入更多的市场主体,鼓励民营能源企业参与到能源经济体系中来。另一方面,加强国际合作与交流。借鉴其他国家在能源市场多元化方面的成功经验和先进技术,推动能源资源和能源技术创新的跨国流动。

第五,积极接轨能源国际市场。首先,积极参与石油输出国组织、国际能源署(International Energy Agency,IEA)等国际能源组织和机构,借助平台力量参与国际能源规则的制定和讨论。其次,借助外交手段,提升中国在国际能源事务中的话语权,积极参与国际能源规则的制定。此外,主动参与全球气候变化和可持续发展等相关议题的讨论,推动绿色低碳能源的发展,逐步提升新能源定价方面的话语权和控制权。

第六章 新质生产力理念下的能源国际贸易

能源国际贸易是指不同国家或地区之间进行的能源资源的交换和贸易活动。在全球经济格局中,能源国际贸易有着重要的价值。①资源优化配置。通过能源国际贸易,能源资源实现了高效流动,分布不均、供需失衡的问题在一定程度上得到了缓解,能源利用效率也得到了提高。②促进经济增长。对于能源出口国而言,能源国际贸易意味着丰厚的经济收入,这不仅能够为相关产业的发展提供资金,也能够提高民生福祉。能源国际贸易能够对工业生产和居民生活提供能量支持,这对经济增长较为有利。③增强能源安全。通过参与能源国际贸易,不同的国家和地区都可以实现能源供应渠道的多元化,这有助于加强和巩固能源安全。④推动技术交流与创新。在国际能源交易的过程中,技术创新信息也到了充分交流,这有利于刺激相关各方做出进一步的技术创新。⑤促进国际合作与稳定。能源贸易使各国之间的经济联系更加紧密,相互依存的程度会有所提高。因此,能源国际贸易能够对国际政治秩序和经济稳定起到一定的保障作用(杨天财,2021)。

新质生产力理念下的能源国际贸易强调创新驱动与绿色发展。也就是说,当下及未来的能源国际贸易不再一味追求数量和规模,质量和效益才是关键。一方面,太阳能、风能、水能等清洁能源在能源国际贸易中的地位会不断提高,这有助于推动各国能源经济的高质量发展。另一方面,能源国际贸易合作模式会持续迭代优化,原来的单一买卖会被合作开发、资源共享、机制共建等所取代。从整体上来看,新质生产力理念会促使能源国际贸易向可持续、长远的方向发展。

能源国际贸易的研究框架较为复杂。本章主要从三个维度进行解析,一是"一带一路"背景下的能源国际合作,二是当下能源国际贸易新趋势,三是新质生产力视域中的能源国际贸易框架。

第一节 "一带一路"背景下的能源国际合作

能源国际合作与能源国际贸易之间存在着密切的关系,二者相互促进、交叉影响。其一,能源国际合作有助于确保能源供应的稳定性。通过勘探、开采、利用等方面的合作,国家之间可以实现能源资源的共享,这不仅有助于降低对单一能源、进口能源的依赖性,还可以降低能源供应方面的风险。其二,能源国际合作多以多边或双边协议为基础,这有助于打造透明的、相对公平的能源市场规则,防止市场操纵和不公平竞争,保护消费者和生产者的利益。其三,促进能源贸易的多元化。通过建立多边或区域能源合作机制,可以提高能源国际贸易的活跃度、灵活性和抗风险能力。其四,提高能源投资的吸引力。协调而稳定的国际合作关系可以打造政治稳定、法律透明、市场开放的环境,这可以吸引各类资本投入到能源市场中去。此外,能源国际合作还可以加强各国在能源政策方面的协调性,这有助于共同应对地缘政治风险和生态环境保护方面的挑战。

近年来,中国提出的"一带一路"倡议有力地推动了能源国际合作,为能源国际贸易提供了坚实的基础和有利的环境。在"一带一路"背景下,通过加强与共建国家的政策沟通、设施联通、贸易畅通、资金融通和民心相通,中国致力于与共建国家共同打造政治互信、经济融合、文化包容的利益共同体、命运共同体和责任共同体。

一、"一带一路"对能源国际合作的积极影响

在全球经济格局发生深刻变化的背景下,"一带一路"倡议应运而生。其主要目标包括:促进经济要素有序自由流动、资源高效配置和市场深度融合,推动沿线各国实现经济政策协调,开展更大范围、更高水平、更深层次的区域合作,共同打造开放、包容、均衡、普惠的区域经济合作架构。

能源合作是"一带一路"建设的重要内容和先行领域。共建国家大多处于工业化、城市化快速发展阶段,能源资源十分丰富,能源需求极为旺盛,在能源开发、利用和基础设施建设等方面有着巨大的发展空间和较强合作潜力。具体而言,"一带一路"对能源国际合作的积极影响包括以下几个方面。

其一,加强能源基础设施互联互通。"一带一路"倡议推动了共建国家能源基础设施的互联互通。通过建设跨境油气管道、输电线路等能源运输通道,可以提高能源资源的优化配置和高效利用。例如,中国与哈萨克斯坦、吉尔吉斯斯坦、塔吉克斯坦、乌兹别克斯坦和土库曼斯坦合作建设的油气管道不仅保障了中国的能源供应安全,也为中亚国家的能源出口提供了稳定的市场(杨天财,2021)。

其二,促进能源投资与贸易。就全球能源投资与贸易而言,"一带一路"提供了新的、广阔的平台。中国能源企业可以在政府的支持下深度参与到"一带一路"共建国家的能源经济体系中去,这对资源配置、产能合作与技术交流十分有利。同时,随着贸易自由化和相关措施的推进,国际能源市场上的供应和选择日益多元化,这将有力地促进能源投资与贸易。

其三,推动能源技术创新与合作。在"一带一路"框架下,各国将有机会加强能源技术创新方面的合作。通过可再生能源、清洁能源方面的技术创新与合作,可以提高"一带一路"共

建国家的能源利用率。例如，中国与"一带一路"共建国家在太阳能、风能等方面的技术合作和项目示范，有力地推动了国内清洁能源技术"走出去"，也获得了借鉴其他国家先进能源技术的机会。

其四，增强能源安全保障。在"一带一路"框架下，中国与共建国家在能源供应、物流运输和战略储备等方面紧密合作。这不仅实现了能源的多元化供应，也在一定程度上保障了进口能源品质的可靠性与稳定性。从根本上来说，这有利于中国与"一带一路"共建国家共同应对能源安全方面的挑战。

其五，加强能源政策协调与机制建设。"一带一路"倡议促进了共建国家在能源政策方面的协调与沟通，形成了多边和双边交叉共存的能源合作机制。这些国家有机会和条件共同制定能源发展规划和政策，在能源市场监管和标准制定方面也可以相互协调，这为跨国能源合作提供了可靠的政策条件。

二、"一带一路"能源国际合作面临的挑战

其一，地缘政治风险。"一带一路"共建国家较多，部分国家和地区的地缘政治局势十分复杂，政治不稳定、地区冲突等因素长期存在，可能会给能源国际合作项目的推进和实施造成难以预料的风险，甚至可能会给国内能源企业的对外投资蒙上一层阴影。

其二，法律和监管差异。"一带一路"共建国家的法律体系和监管政策各有不同，税收政策、环境保护法规、土地使用权等方面的差异客观存在，可能会在操作层面上给能源国际合作项目的推进和实施带来诸多不便。

其三，技术标准和环保要求差异。"一带一路"共建国家在能源技术标准、环保要求等方面同样存在一定差异，这可能导致能源国际合作项目在技术对接、环境评估等方面出现不易处理的难题。同时，这也可能会影响能源基础设施的建设和运营。例如，电力系统的电压等级、频率等技术参数的差异可能会影响电网的互联互通。

其四，文化和语言障碍。"一带一路"共建国家文化多样，语言种类众多，这就会加大能源国际合作过程中的沟通难度，需要投入较大的工作量进行协调。

其五，融资压力大。能源项目具有资金密集的特点，融资问题成为"一带一路"共建国家能源国际合作的难题。一些项目可能因为资金不足、融资成本高、融资渠道有限等问题而难以推进甚至搁浅。

面对这些挑战，"一带一路"能源国际合作需要加强政策沟通、增进互信、创新合作模式、完善风险管理机制，为相关项目的开展及能源国际贸易的进行提供有利条件。

三、"一带一路"背景下加强能源国际合作的策略

从整体上来看，"一带一路"倡议为能源国际合作带来了宝贵的时代机遇，有利于促进能

源资源的跨国配置,对技术创新和能源安全保障也能够起到重要作用。面对这方面的挑战,有必要采取有效策略来推进共建国家之间的能源国际合作。

策略一:加强能源基础设施互联互通。在输电线路、油气管道、可再生能源发电设备等基础设施方面,"一带一路"共建国家要积极进行互联互通。例如,加强各国电网之间的连接与协调,实现电力资源的优势互补。当然,这需要各国政府之间加强政策协调,共同制定详细的发展规划和扎实的技术标准,同时吸引各种机构深度参与到投资和建设过程中来。

策略二:推动能源技术合作与创新。鼓励"一带一路"共建各国在清洁能源技术、能源存储技术、能源效率提升技术方面搭建具有国际先进水平的合作平台。例如,在重大科研项目立项、跨国跨领域能源研发团队组建、能源技术研讨会和培训活动开展、能源技术转移和应用等方面,"一带一路"沿线各国应当携手着力推进。

策略三:建立多元化的能源合作机制。以政府间的能源合作协议、企业间的合作项目和国际组织的协调机制等为抓手,积极建设多元化的能源合作机制。例如,成立双边或多边的能源合作委员会,定期召开会议,解决"一带一路"共建国家在能源国际合作中的问题和挑战。同时,充分发挥国际能源署和国际可再生能源署(International Renewable Energy Agency,IRENA)等组织的作用,如为"一带一路"共建国家能源国际合作提供政策支撑与技术支持。

策略四:加强能源金融合作。通过发行国际性能源债券、设立专项能源投资基金、开展跨国能源项目综合融资等途径,为"一带一路"共建国家能源合作项目提供资本支持。例如,结合"一带一路"共建国家能源合作项目特点发行绿色债券并开发能源保险产品等,吸引全球资本为之提供金融支撑。

策略五:促进能源贸易和投资自由化便利化。降低"一带一路"共建国家相互之间的关税和非关税限制,逐步消除能源贸易壁垒,循序渐进地提高能源贸易自由化水平,为能源跨国合作塑造良好的营商环境。例如,建立能源贸易争端解决机制,及时处理贸易纠纷,保障各方的合法权益(焦兵,2024)。

此外,推动能源市场稳定机制建设、加强技术标准和环保政策协调、加强地缘政治风险评估和防范等也十分重要。

第二节 能源国际贸易新趋势

在2020年以后,能源国际贸易随着各国经济的缓慢复苏而呈现逐渐上升的趋势。从整体上来看,一些新趋势值得引起注意。

一是能源贸易格局多极化。在过去,若干个能源出口大国和一些进口大国主导了能源国际贸易格局。近年来,在能源消费方面,新兴经济体表现出了强劲的需求,如中国、印度、巴西、南非、墨西哥等。在能源生产方面,新兴经济体同样表现出了强大的实力。如此一来,能源国际贸易的竞争日趋白热化。当然,这也意味着一定的机遇。

二是能源数字化与智能化贸易兴起。在知识经济时代,数字化和智能化的趋势渗透到了能源国际贸易格局之中,智能电网、能源管理系统等技术和设备的交易额逐年上升。与此同时,大数据和人工智能等在能源预测、能源市场分析方面也发挥了重要作用并促进了跨国能源贸易服务的提升。

三是可再生能源贸易增长。随着全球对气候变化的关注不断增加,太阳能、风能、水能等可再生能源在国际能源贸易中的地位持续提高。近年来,太阳能电池板和风力涡轮机的出口量显著增加。同时,这方面的跨国合作也较为常见,促进了资金、技术和人才的跨国流动。

四是能源存储技术的重要性凸显。近年来,以电池储能系统为代表的能源存储技术越来越受到全球各国的重视。其中,各国对高性能、大容量电池的需求量越来越大,生产和贸易实现了同步提升,与之相关的材料和零部件贸易也呈现出明显的增长态势。

五是能源贸易与气候变化政策紧密结合。为了实现碳达峰碳中和目标,全球将气候变化政策纳入能源贸易决策中。例如,一些国家对高碳排放的能源产品征收碳关税,这对能源贸易的流向和规模产生了影响。同时,各国在能源贸易中更加关注能源的碳足迹和可持续性,绿色能源产品在国际贸易中享有更多的优惠政策和市场机会(苗渝舒,2023)。

第三节 新质生产力视域中的能源国际贸易格局

新质生产力的兴起正深刻重塑全球经济格局。对于能源国际贸易而言,新质生产力也有着深刻的影响。在新质生产力理念下,能源国际贸易格局会不断发生变革与重塑。以下从不同角度出发来对新质生产力视域中的能源国际贸易格局进行初步解析。

一、技术创新维度

技术创新对能源国际贸易格局的影响主要表现在改变能源贸易主体之间的实力对比上,同时也改变了能源的供应来源与流向,这就会改变全球能源贸易的整体格局。

(一)新能源技术的突破

新质生产力高度强调技术创新。在新质生产力理念推动下,能源技术不断获得突破。例如,太阳能、风能、水能等可再生能源的高效转化与存储技术取得了持续进步。这就提高了其在全球能源供应中的比重,也在一定程度上改变了传统的能源贸易结构。

（二）能源开采与生产技术的革新

先进的勘探技术、智能化的开采设备和高效的能源转化工艺不仅提高了能源的开采效率和质量，也大大降低了生产成本。例如，页岩气和页岩油的开采技术突破对全球油气供应格局起到了一定的重塑作用。

（三）能源传输与配送技术的发展

特高压输电技术、智能电网和能源存储技术的进步有效减少了能源在传输过程中的损耗，这为稳定可靠的能源供应提供了有力支撑，也有利于电力资源在全球范围内的优化配置。

二、能源政策维度

能源政策的调整和变化对能源国际贸易格局的影响是多方面的。一方面，各国在能源国际贸易中的地位和角色会随着背后能源政策的推行而改变。另一方面，国际能源组织和合作机制的政策协调会有助于巩固能源国际贸易秩序。

（一）各国能源政策的目标与导向

对于各国政府而言，能源政策需要与本国能源资源禀赋、经济发展需求和环境目标之间形成合理匹配。面对复杂的能源贸易格局，各国会做出不同的选择。

（二）国际能源组织与合作机制的政策影响

国际能源署、石油输出国组织等国际组织在协调全球能源政策、稳定能源市场方面发挥着重要作用。通过制定能源生产和消费政策、监测能源市场动态、促进能源技术合作等方式，这些组织深刻地影响着能源国际贸易格局的演化。

（三）能源政策对能源国际贸易的调控作用

通过对能源生产、消费和贸易过程的传导作用，能源政策对能源供求关系和价格机制有着重要影响。例如，进口国的能源关税政策、出口国的产量限制政策等都会直接影响能源的国际贸易流量和价格。

三、市场结构维度

市场结构的变化对能源国际贸易格局的影响主要体现在以下三个方面：其一，对于一个国家和地区而言，市场集中度的高低与能源供应、能源价格话语权密切相关；其二，多元化的市场结构有助于提高能源市场的稳定性;其三,能源金融市场的发展增加了能源国际贸易的复杂程度(谢非和王洋,2023)。

(一)能源市场的集中度与竞争格局

经过百余年的发展积累,全球能源市场的供应端与需求端都有一定的集中度。从供应端的角度来看,中东、南非、大洋洲等地区的能源生产国及超大型跨国能源公司在能源资源储备和产能方面掌握着话语权。从需求端的角度来看,以中国、韩国、日本为代表的工业化国家是主要的能源进口国、消费国。

(二)能源市场的多元化趋势

为了保障能源安全,减轻对单一能源、单一能源进口来源的依赖,能源供应的多元化被各国政府所重视,具体表现为从不同国家和地区进行能源进口。此外,能源消费结构方面也出现了多元化的趋势,即传统化石能源、可再生能源及清洁能源在能源消费中的地位不断发展演化。

(三)能源金融市场的作用

能源期货、期权等金融衍生品在能源价格发现与风险管理方面发挥着越来越重要的作用。金融资本的流动和大型(能源)金融机构的投资决策对能源生产和贸易产生着深远影响,给能源市场带来了诸多变数。

四、生态环境可持续性维度

自古以来,文明繁荣离不开生态文明。面对日益严峻的气候变化、环境风险挑战、能源资源紧张等全球性问题,中国人民在习近平总书记人类命运共同体理念下积极推动经济社会向绿色低碳发展转变。同时,中国积极参与全球能源治理,与世界各国一道探索全球可持续能源发展之路。新时代中国能源战略将为经济社会与生态环境可持续发展提供有力支撑,为保障世界能源安全、应对全球气候变化、促进全球经济增长做出卓越贡献。

在新质生产力理念下,生态环境的可持续性是社会经济发展过程中的重点。就能源国际贸易而言,环境可持续性问题也值得引起重视。

(一)全球气候变化与能源转型压力

20世纪70年代以来,环境恶化、气候剧变等一系列问题引发了全球各国的共同关注。以《巴黎协定》为代表的国际公约表明,减少温室气体排放已经成为了一种广泛共识。目前,能源转型得到各国政府和企业的支持,对传统化石能源的需求将越来越低,可再生能源、清洁能源的开发利用备受重视,拥有丰富可再生能源资源的国家在能源贸易中的地位逐渐提升,这方面的发展前景也越来越广阔。

当前全球能源转型继续推进,100多个国家提出碳达峰碳中和目标,荷兰、挪威、意大利、法国、西班牙等欧洲国家先后宣布在2025—2040年有步骤地彻底淘汰燃油车。这意味着,到2030年以后,传统化石能源的全球需求或将迎来拐点(王佩等,2022)。

（二）环境法规与碳排放约束

全球气候变化的严峻形势促使国际社会达成减排共识,这给能源国际贸易带来巨大压力。各国纷纷加强环境法规和碳排放约束,高碳能源的贸易受到限制。同时,为实现可持续发展目标,能源消费国更加注重进口清洁能源,推动了能源贸易流向的转变。

第七章　新质生产力理念下的能源政策体系

能源政策体系是指一个国家或地区为实现特定的能源发展目标,通过制定和实施一系列相互关联、相互协调的政策措施所构成的有机整体。与能源经济体系不同,能源政策体系不仅涵盖生产、供应、消费、储备、贸易、技术研发等环节,还关系到环境保护、市场监管、安全保障等多个层面。从内容构成的角度来看,能源政策体系主要表现为规划纲要、发展战略、法律法规、财政政策、税收政策、价格政策、产业政策等政策工具及政策工具的组合(常飞等,2023)。

新质生产力理念下的能源政策体系致力于满足经济发展对能源的需求、实现保障能源供应安全、促进能源结构优化、推动能源技术创新和产业升级、在提高能源利用效率的同时降低能源消耗及能源消费等。同时,新质生产力理念下的能源政策体系也必然要求限制环境污染和温室气体排放、提升可再生能源及清洁能源地位等。

能源政策体系并非固定不定的规章制度系统。它需要根据国内国际能源形势的变化、社会经济发展与居民日常生活的需求及社会环境的要求而不断进行优化调整。只有与能源领域的挑战和机遇相匹配,能源政策体系才能在保障国家能源安全、实现能源可持续发展和有效利用等方面发挥应有作用。

通过对国内国际能源政策体系的深入考察发现,其框架通常涵盖能源创新政策、可持续发展政策、能源市场政策、能源安全政策、能源效率政策、能源教育与人才政策等方面。这些政策相互关联、互为支持,共同推动新质生产力理念在能源领域的贯彻落实,为实现能源的可持续发展、安全供应和高效利用奠定了坚实的基础。

需要指出的是,之所以要强调能源政策体系,原因在于,特殊的国情社情下,脱离能源政策体系谈能源经济体系将失去制度根基。

第一节　能源政策顶层设计

新质生产力理念强调以创新、协调、绿色、开放、共享为核心,推动经济社会的高质量发展。在能源领域,这一理念要求我们重新审视传统的能源发展模式,构建适应新时代需求的能源政策体系,以实现能源的安全、清洁、高效供应,促进能源与经济、社会、环境的协调发展。

一、新质生产力理念对能源发展的要求

新质生产力理念对能源发展提出了以下具体要求。

其一,创新驱动的能源发展。如前所述,创新是新质生产力的根本。对于能源发展而言,应当立足于社会经济、居民生活和市场需求加大研发力度,实现技术上的持续突破。例如,在能源转换技术、能源存储技术、智能能源管理系统等方面,要打造先进的研究平台,开发国际一流的高水平技术。同时,在商业模式方面,也要积极进行反思、重塑和重构,充分激发市场活力与创新能力。通过创新驱动,能源生产和利用的效率将不断获得提升,这不仅有利于效益的增加和成本的降低,更能够为能源经济的可持续发展提供坚实的技术支撑。

其二,绿色低碳的能源发展。新质生产力时代的能源发展必然是绿色发展,这必然意味着能源开发利用过程中的碳排放减少。一方面,新质生产力理念下的能源发展要求有序改造传统高碳排放能源。在条件允许的前提下,淘汰某些高碳排放能源也是题中应有之义。另一方面,逐步增加太阳能、风能、水能、生物质能等可再生清洁能源在能源消费结构中的比重。此外,在能源项目规划设计、建设及运营维护的过程中,要积极引入绿色环保的技术和工艺,尽量减少对生态环境、生态系统的破坏。

其三,协调发展的能源布局。新质生产力要求协调发展,对于能源发展而言就意味着与国民经济、产业结构、区域发展及生态环境保护等协调统一。从国民经济的角度来看,能源供应要保持一定的稳定性,避免造成不必要的负面影响。同时,能源价格要合理反映供需形势。从产业结构的角度来看,能源经济发展要与产业转型升级保持一定的一致性,积极服务于中国产业发展大局。从区域发展的角度来看,要积极推动能源资源的优化配置,使城乡居民都能公平地享受能源经济体系建设成果。从生态环境保护的角度来看,能源经济的发展过程要与生态保护红线、环境质量底线相适应,打造和谐的整体发展环境。

其四,开放合作的能源战略。在全球化时代,闭门造车是不可能形成真正的新质生产力的。也就是说,在能源经济发展过程中,国家、企业和有关组织都应当具备开放合作的视野。例如,国内能源企业不能满足于国内市场,要积极"走出去""出海扬帆",深度参与到国际能源项目的开发和运营过程中去,全方位地提升自身竞争力和市场影响力。

其五,共享共赢的能源成果。新质生产力理念强调能源发展的成果要为全体人民所共享。因此,在能源政策制定和能源经济体系建设过程中,要体现中国特色社会主义分配机制的优越性,确保能源发展的经济效益和社会效益都能惠及所有公民、所有地区。在能源供应方面,要加强农村和贫困地区的能源基础设施建设,缩小城乡能源服务差距,让所有社会成员都能公平合理地享受能源经济体系建设成果。在能源消费方面,要通过价格政策、补贴政

策等手段保障中低收入群体的能源消费需求,有序消除能源贫困现象。同时,新质生产力理念下的能源发展必然会带来更多的就业机会,这有助于完善就业市场,也间接地服务于共同富裕的发展目标。

二、当前能源政策的现状与问题

从国际范围内来看,能源政策的制定和实施对保障能源安全、促进经济增长、推动环境保护具有十分关键的作用,中国当然也不例外。近年来,中国在能源领域取得了显著成就,能源政策发挥了重要作用。但是,这方面也存在着一些不容回避的问题。

从整体上来看,近年来中国能源政策的现状呈现出多方面的特点。

一是加速推动能源结构转型。进入21世纪以来,中国能源政策经历了多轮次的结构性调整。减少对传统化石能源的依赖,增加可再生能源、清洁能源的比重成为了重要的政策目标导向。为了顺应国际能源治理格局变动趋势,中国政府明确提出了2030年碳达峰和2060年碳中和的目标。为了实现这一目标,中国能源政策加速推动能源结构转型的特点十分明晰。例如,根据"十四五"规划,到2025年,可再生能源装机容量预计将超过50%。中国还大力推进电动汽车的普及,计划在2030年之前使电动汽车占新车销售的比例达到40%。此外,政府还实施了如税收优惠和补贴等一系列激励措施,来支持绿色能源项目的发展(唐云霓等,2023)。

二是强化能源安全保障。在经济发展新常态和国际局势不确定性增加的背景下,能源安全被提升到了国家宏观管理的战略高度,同时也成为了能源政策的核心关注点之一。作为全球屈指可数的能源进口大国,能源对外依赖程度过高一直是自上而下共同关注的焦点,能源安全问题也备受社会各界重视。为此,中国政府制定和实施了一系列政策,如推动天然气和石油的勘探与开发、强调能源供应链的多样化、建立战略石油储备和天然气储备、围绕"一带一路"倡议加强国际能源合作等。

三是着力推动能源技术创新。在新质生产力理念下,能源利用效率和绿色发展成为重要议题,中国政府持续加大能源技术研发投入力度,力求在电力储能、智能电网、碳捕捉与储存等领域获得技术突破。此外,政府通过设立专项基金、支持科研项目、推动产学研结合等方式来促进能源技术的创新和应用(张永礼和康跃迪,2024)。

四是加强环境保护与政策协调。在新质生产力理念下,能源政策与生态环境保护的协调成为突出亮点。各类政策文件中明确提出了要降低能源生产和消费过程中的污染排放,实施严格的环保标准。例如,《国家生态文明试验区(深圳)实施方案》提出了以生态环境保护为核心的可持续发展战略,推动能源产业的绿色转型。此外,政府还加强了能源行业的环境监管,推出了一系列政策法规来限制高污染、高耗能项目的发展(唐云霓等,2023)。

当然,必须指出的是,中国能源政策方面也存在一些不容回避的问题。例如,能源政策方面出现了协调性差的现象。由于能源经济的复杂性,能源政策必然会涉及多部门、多层级的协调,政策制定和执行难免出现矛盾和重复。某些地方政府在落实环保政策时可能会出现行政实施偏差,在一定程度上影响政策效果的高效达成和能源资源的优化配置。再如,能源监管方面存在薄弱环节。部分地区和企业在能源监管方面落实不力,执法力度和监管能力有着较大改进空间,个别地区群众还面临着亟待解决的用能急难愁盼问题。

总之,在取得一系列辉煌成就的同时,中国能源政策也面临着一系列的挑战和问题。通过持续完善政策体系,加强改革创新,推动能源生产和消费革命,中国有望实现能源经济的可持续发展,为落实新质生产力理念奠定坚实的能源基础。

三、新质生产力理念下能源政策顶层设计的原则

(一)系统性原则

通过前文分析可以发现,新质生产力是习近平总书记对中国经济进行全局性、系统性的思考后所形成的概念。在制定和实施能源政策时,不要计较一城一地的得失,而是要面向能源经济发展全局,综合考虑其与经济、社会、环境等其他领域政策的互动关系及交叉影响,保证政策具有协调一致性。同时,政策要为未来能源经济发展趋势预留"接口"。简而言之,能源政策要从生产、运输、存储、分配消费等全产业链出发,制定相互协调、相互支持的政策体系。

(二)前瞻性原则

新质生产力是面向未来的新型概念。在制定和实施能源政策时,目光不能局限于当下,而是要立足于长远,体现出对未来能源经济发展趋势的洞察力和预见性。只有这样,当能源国际市场出现新的变化和挑战时才能做到心中有数、胸中有策。例如,要全面考虑能源市场的变动和能源技术的发展方向,有针对性地进行政策制定。

(三)科学性原则

前文多次强调,新质生产力是马克思主义中国化的产物,体现着对生产力发展的理性思考,在制定和实施能源政策时,要保持高度的理性,对能源经济体系的发展要有科学的分析和判断。唯有如此,能源政策的合理性、有效性和可行性才能有所保障。没有科学的研究和分析,就不可能设计出符合能源经济发展规律和能源产业发展实际情况的政策法规。

(四)公平性原则

公平性、协调性是新质生产力的重点方面。在制定和实施能源政策时,不仅要考虑政府、能源企业及相关机构的利益,也要考虑每一名社会成员的能源权益。此外,考虑到中国

能源经济发展不平衡、不协调的现状,还要考虑不同地区、不同群体在能源发展中的公平权益。也就是说,能源政策的制定要公正、公平,确保能源经济的发展成果能够在社会范围内高度共享。

(五)可持续性原则

新质生产力高度重视绿色发展、可持续发展。在制定和实施能源政策时,不仅要考虑当下、短期内的能源需求和能源经济发展,更要考虑子孙后代的能源需求和能源经济发展。为了保证能源资源的长期可持续供应及高效,资源环境的承载能力也是制定、实施能源政策时所应考虑的一个重点。

四、新质生产力理念下能源政策顶层设计的重点领域

新质生产力理念强调创新、效率和可持续性。能源政策应当抓住主要矛盾,解决重点问题。在此,对新质生产力理念下能源政策顶层设计的重点领域进行初步阐述。

一是清洁能源的推广与应用。在新质生产力理念下,能源政策的顶层设计首先应聚焦于清洁能源的推广与应用。为了实现绿色可持续发展,太阳能、风能、生物质能等可再生能源、清洁能源的发展应当被予以适当的政策倾斜。例如,政策应当鼓励清洁能源领域的技术创新。鼓励企业在实现技术突破、降低能源成本的同时有效提高市场竞争力。同时,可以通过补贴、税收优惠等定向政策来促进清洁能源在整个社会范围内的普及应用。

二是能源效率的提升。提升能源效率是实现能源政策可持续发展的关键。从这个意义上来看,能源政策的设计应当加强对工业、建筑、交通等高耗能领域能源效率的关注。通过在这些领域加强能源管理并大力推广节能和绿色环保产品,可以为整个社会能源效率的提升奠定基础。与此同时,能源政策还应加强能源效率标准的制定和执行,力争与国际能源效率标准早日实现接轨和同步。

三是智能能源系统的构建。在新质生产力理念下,智能能源系统应当被视作能源政策的重要组成部分。换言之,能源政策设计应推动智能电网、智能建筑、智能交通等系统的建设,这将有助于加强能源资源的科学配置与高效管控。有了政策的推动,有了大数据、物联网、人工智能等技术的支撑,智能能源系统将有助于实现能源供需的精准匹配。这是降低能源损耗的必然选择,也是提升能源利用效率的必由之路。

四是能源结构的优化。在新质生产力理念下,优化能源结构是推动能源经济发展、达成能源安全和推动可持续发展的关键途径。应根据国家的资源禀赋、环境承载力和经济发展需求,对未来特定时间阶段内的能源结构进行科学、系统、全局性的规划。从整体上来看,要逐步降低高污染、高耗能的传统能源在能源供需结构中的比例,有计划、有步骤地提高清洁能源和新能源的比重。

五是能源政策的法治化与市场化。从改革开放以来社会治理经验的角度来看,法治化和市场化是保障能源政策得到充分落实的基础。一方面,政策设计应加强能源法律法规的制定和完善,明确能源开发、利用、管理等方面的法律规范,为能源政策的实施提供法律保障。另一方面,强调并发挥市场在资源配置中的基础性作用,打造公平公正、多层次、开放性的能源市场,为能源政策的落实提供广阔的市场空间。通过政策引导与市场机制的妥善结合,积极推进能源经济体系的建设步伐。

具体而言,需要构建一个涵盖能源科技创新政策、能源结构优化政策、能源效率提升政策、能源市场改革政策、能源环境保护政策、能源国际合作政策等内容的政策体系。

从全球范围内来看,能源政策的顶层设计是一个长期而复杂的管理过程,需要不断根据实际情况进行反馈迭代。同时,还需要加强各部门之间的协作配合,形成政策设计和规划上的合力。只有这样,才能为能源经济的创新、协调、绿色、开放、共享的新发展理念提供坚实的政策支撑。

五、新质生产力理念下能源政策顶层设计的实施路径

新质生产力理念为能源政策的顶层设计提供了新的思路和方向。但是,能源政策法规并不能直接转化为现实,而是要通过一些具体的途径来达成。

(一)加强组织领导

首先,明确领导责任。确立清晰的组织架构,明确各级政府和相关职能管理部门在能源政策制定和实施中的职责和任务,确保能源政策设计、领导和执行中的相关责任都能指向特定的管理机构。其次,制定统一的政策框架。以新质生产力理念为指南,搭建全面周密、系统科学、动态协调的能源政策框架,确保各项政策措施有机衔接,避免交叉重复,形成制度合力。此外,加强政策研究和咨询。吸纳国内国际能源管理顶级人才,打造高水平的能源政策智囊团队。加强对能源发展趋势、技术进步、市场需求等方面的研究,为能源政策的设计与制定提供科学依据。

(二)强化能源政策宣传与公众参与

加强能源政策的宣传和解读,提高公众对能源问题的认识和理解。通过多种渠道,如媒体、网络、社区活动等,普及能源知识和节能意识。鼓励公众参与能源政策的制定和实施过程,充分听取各方意见和建议,形成全社会共同推动能源发展的良好氛围。

(三)建立能源政策监测评估机制

综合考虑新质生产力发展需要、能源供应、能源消费、能源技术创新、能源产业链建设、

能源环境保护等影响因素,建立科学的评估指标体系。同时引入各类定性定量方法,建立综合性的能源政策实施情况评估模型。以能源政策实施情况评估模型为基础,定期对能源政策的实施效果效率进行全方位评估,根据评估结果及时调整和完善政策措施(於世为等,2022)。与此同时,加强对政策实施过程中的跟踪监测,及时发现问题并采取措施加以解决,确保能源政策顶层设计能够适应不断变化的能源形势和发展需求。

(四)推动能源国际合作与交流

积极参与国际能源合作组织和多边机制,加强与其他国家在能源政策、技术、贸易等方面的交流与合作。通过能源进口多元化、能源技术引进与输出等方式,提升中国在国际能源市场的地位和影响力。积极参与全球能源治理,推动建立公平合理的国际能源秩序,为能源发展创造有利外部环境(吴力波和马戎,2022)。

通过遵循系统性、前瞻性、科学性、公平性和可持续性原则,重点关注能源科技创新、结构优化、效率提升、市场改革、国际合作和环境保护等领域,并采取有效的实施路径,我们将能够构建起适应新质生产力发展需求的能源政策体系,积极推动能源行业的高质量发展,为经济社会的可持续发展奠定能源基石。

第二节 能源管理体制改革

在当今全球经济快速发展、科技不断创新的背景下,新质生产力理念逐渐成为推动社会进步和经济增长的关键力量。这一理念强调通过创新、绿色发展和数字化等手段,实现生产力的高质量、可持续提升。在能源领域,新质生产力理念的引入为能源管理体制改革带来了新的思路和方向。

一、新质生产力理念与能源管理体制改革的关系

就能源管理体制改革而言,新质生产力理念的意义在于为其改革提供了重要的理论基础和指导方向。创新驱动要求能源管理体制要充分、有效地激发企业和科研机构在能源技术研发、应用方面的积极性和创造力,促进能源技术的不断进步;绿色发展理念促使能源管理体制要突出生态环境保护与能源资源的可持续利用,推动能源结构向清洁低碳的方向进行转型;数字化融合则要求能源管理体制适应能源领域数字化、智能化的发展趋势,全方位提高能源管理的效率(李东兵等,2024)。

同时,值得指出的是,能源管理体制的改革也是新质生产力理念在能源领域落地的重要保障。合理的管理体制能够优化资源配置,促进能源领域的创新活动,加强环境保护和能源安全保障,从而为新质生产力的发展创造良好的制度环境和可靠的能源保障。

二、中国能源管理体制改革概述

进入21世纪以来,中国能源体制机制改革持续扎实推进。到目前为止,已经构建起了以市场化为导向,规范、公平、完善的高效能源政策体系,为能源事业高质量发展提供坚强保障。

第一,发挥能源战略规划引领作用。

近年来,宏观政策和能源战略规划对社会经济发展的引领作用更加突出。"十四五"是碳达峰的关键期、窗口期。《"十四五"现代能源体系规划》《"十四五"能源领域科技创新规划》《"十四五"可再生能源发展规划》《"十四五"新型储能发展实施方案》等政策先后出台,体现了党中央和各级政府在加快构建现代能源体系、推动能源高质量发展等方面的精心部署。

2021年发布的《中共中央 国务院关于完整准确全面贯彻新发展理念做好碳达峰碳中和工作的意见》和《国务院关于印发2030年前碳达峰行动方案的通知》共同构成贯穿碳达峰、碳中和两个阶段的顶层设计。《中共中央 国务院关于完整准确全面贯彻新发展理念做好碳达峰碳中和工作的意见》作为碳达峰碳中和"1+N"政策体系中的"1",在碳达峰碳中和"1+N"政策体系中发挥统领作用。其中,"N"包括能源、工业、交通运输、城乡建设等分领域分行业碳达峰实施方案,以及科技支撑、能源保障、碳汇能力、财政金融价格政策、标准计量体系、督察考核等保障方案(石研等,2024)。

2022年9月,《能源碳达峰碳中和标准化提升行动计划》印发,充分发挥标准推动能源绿色低碳转型的技术支撑和引领作用。

2023年4月,国家标准委联合十一部门发布《碳达峰碳中和标准体系建设指南》,为相关工作提供了管理规范和操作标准。

从整体上来看,党中央国务院、有关职能管理部门及各级政府发布的政策文件形成了目标清晰、责任明确、措施有力、紧密衔接的能源政策体系,充分发挥了能源战略规划引领作用。

第二,有序推进能源市场体系建设。

党的十八大以来,我国能源市场化改革步伐加快。这体现在多个方面,包括油气体制改革迈出实质性步伐、电力市场化改革进入深水区、煤炭交易市场不断完善、碳市场建设大力推进等。

以碳市场建设为例,中国政府一直将碳排放权交易市场建设视作落实"双碳"目标政策工具箱的重要组成部分。2021年7月16日,全国碳市场正式启动,第一个履约周期为2021年全年,纳入发电行业重点排放单位2162家,覆盖约45亿t二氧化碳排放量。截至2023年底,碳排放权交易市场共纳入重点排放单位2257家,年覆盖二氧化碳排放量约51亿t,占全国二氧化碳排放总量的40%以上,成为全球覆盖温室气体排放量最大的市场。同时,交易价格稳中有升,交易主体更加积极。

中国碳排放权交易市场通过市场机制控制温室气体排放,积极推动社会经济和能源结构向绿色低碳的方向转型。在落实主体减排责任、实现碳排放控制目标、降低行业减排成本等方面,中国碳排放权交易市场起到了无可替代的作用。同时,中国碳排放权交易市场受到了国际社会的高度关注,对全球碳价水平和碳交易机制成效也产生了积极影响。中国基于碳排放强度控制目标的配额分配方法展现了碳市场机制的灵活性和适用性优势,为全球碳市场机制创新贡献了"中国方案"(崔茗莉等,2024)。

第三,不断完善能源价格机制。

党的十八大以来,能源资源领域价格市场化改革深入推进。有序放开竞争性环节价格,科学核定自然垄断环节价格,出台了输配电、天然气管网等领域价格管理和成本监审办法,建立起约束和激励相结合的垄断行业价格监管制度。从整体上来看,主要由市场决定价格的机制已基本确立(石研等,2024)。具体表现为油气价格逐步迈向市场化、煤炭市场价格形成机制进一步完善、电力价格改革加快推进等方面。从总体上来看,中国能源价格机制不断趋于完善,具体表现在以下几个方面。

首先,打破过去的价格管制模式。在煤炭、电力、石油和天然气等领域,市场决定价格的机制逐步建立,更为灵活也更为全面地反映了市场供求关系。这不仅促进了能源资源在整个社会范围内的积极流动,也间接地提高了能源利用效率。

其次,通过价格机制引导能源消费结构的优化。近年来,中国政府对高耗能高污染行业实行差别化的能源价格政策,从制度层面引导这些企业通过节能减排和转型升级来提高能源利用效率。

此外,在价格监管方面,建立起了有效的监管体系。通过对能源产品市场价格的动态监测和总体调控,保障了能源市场的有序运行,也间接地维护了社会居民的合法能源权益。

从整体上来看,中国能源价格机制改革持续走向深入,为能源经济的健康可持续发展及社会经济的有序运行提供了坚实支撑。

三、当前能源管理体制存在的问题

结合国内学者的研究和对能源管理体制的综合考察,可以将这方面的问题归纳为以下五个方面。

其一,中国的能源管理体制和管理职能相对分散。一方面,能源管理涉及多个部门,如能源局、发展和改革委员会、工商管理部门、环境保护部门等。另一方面,能源管理也涉及中央政府和各级地方政府。如此一来,政出多门的问题就较为普遍,职责交叉和协调困难在所难免。这不仅造成了能源政策设计上的不一致性和执行上的困难,也导致能源项目审批、监管和资源分配上的重叠、交叉和矛盾。从结果上来看,这会影响能源管理的效率和能源政策的实施效果。此外,地方各级政府和中央政府之间在目标与利益上存在着一定程度的不一致问题,也可能带来职能发挥上的冲突。

其二,能源市场机制建设不完善。与能源强国相比,中国能源价格形成机制较为复杂,政府主导作用在长期内仍将存在,市场化程度有待提高。这主要表现为,部分能源产品价格与市场供求关系、资源稀缺程度之间可能出现一定程度的背离。其结果则是抑制了能源企业的创新效率,也不利于能源资源的合理配置及节约使用。

其三,能源监管体系不健全。这主要表现为能源监管法律法规落地情况不乐观、监管手段单一化等。因此,能源市场中的不正当竞争、垄断行为在一些地区和部门仍然存在。与此同时,能源项目的审批和建设过程中的监管也存在薄弱环节,这可能给能源项目质量和运营安全造成难以预测的风险。

其四,能源国际合作协调机制有待加强。在全球能源格局不断变化的背景下,中国与其他国家和国际能源组织的合作还存在规则不匹配、信息不对称、协调不畅等问题。在能源贸易、投资、技术合作等方面,规划策略和协调机制都有所不足。就国际能源领域的影响力和话语权而言,这意味着一定程度上的负面影响(贺元康,2023)。

四、新质生产力理念下能源管理体制改革的目标

在新质生产力理念下,能源管理体制改革的目标设置应着重考虑以下几个方面。

一是提高能源效率。通过能源管理体制的逐步优化,实现传统化石能源、可再生能源及清洁能源的合理利用,降低单位产出的能源消耗,切实提高能源生产和利用的整体效率。

二是推动能源创新。积极营造有利于能源技术创新的管理环境,鼓励企业、高等院校和科研机构加大能源科技创新方面的研发投入,同时利用政策工具加快能源新技术、新模式在整个社会范围内的应用推广。

三是保障能源安全。围绕能源供应的稳定性和可靠性,建立能源战略储备和应急管理预案,切实降低对进口能源的依赖程度,为国家能源安全奠定制度基础。

四是促进能源绿色转型。制定和实施有利于可再生能源和清洁能源长期可持续发展的政策法规,推动能源结构向绿色低碳的方向转型,为社会经济发展提供绿水青山的环境条件。

五是增强能源市场活力。完善能源市场机制和价格机制,打破垄断局面,促进公平有序的市场竞争。对标能源强国,打造高水平、多层次、立体化的能源市场及能源金融市场。

五、新质生产力理念下能源管理体制改革的策略

在新质生产力理念下,能源发展态势日新月异。在今后一段时间内,能源发展战略是国家宏观管理政策的有机组成部分,也是解决当今社会主要矛盾的重要手段。因此,有必要结

合国情社情厘清政府和市场之间的关系,积极采取有效策略推进能源管理体制改革。

为了更好适应新常态下的能源发展趋势,落实我国当前和今后一段时期的能源发展战略,满足国民经济和人民生产生活对能源的需求,我们需要厘清政府和市场的关系,统筹规划,协同推进多项改革,从根本上推动能源体制革命,具体建议如下。

1. 塑造多元主体参与、良性竞争的市场结构

坚决走市场化道路,打破垄断局面,促进良性竞争,引导和鼓励各类经营主体和社会资本参与到能源经济体系建设的过程之中。在能源投资运营方面,要坚持走政企分开与政企合作均衡发展的路子。一方面,政府应当明确自身在能源政策制定和能源市场管理方面的责任。另一方面,打造国有能源企业与民营能源企业共同参与、良性竞争、高效合作的市场结构。

具体来说,在石油、电力等核心领域,国有资本控股经营仍然很有必要,但也应当适度提倡发展混合经济、多元投资。尤其是在销售领域可以适度放开准入门槛,有效激发市场活力。

2. 以市场形成能源价格为准则深化能源价格改革

结合相关产业链市场化改革,将能源管理进行区分处理。也就是说,对于核心业务和非核心业务、核心环节和非核心环节、竞争性业务和非竞争性业务,有必要区别对待。对油气管网、输电网络等自然垄断环节,精确计算输配成本,确定企业的合理回报率,加强价格和成本监管;对于其他竞争性环节,引导和鼓励民营企业参与到竞争过程之中,形成市场力量主导的价格机制(范建斌等,2023)。

在煤炭方面,有必要从以下几个方面来推动市场形成能源价格的过程,进而实现高层次、高水准的能源价格改革。一是加快推进煤炭资源税从价计征改革。二是完善煤电价格联动机制,在国家宏观管控的前提下由煤炭企业和发电企业签订价格合作协议。三是深化煤炭价格市场化机制,充分发挥区域煤炭交易中心和煤炭期货市场在发现价格方面的功能,形成全国各地有效流动的煤炭市场体系。四是改革煤炭成本核算政策,将煤炭资源有偿使用费、安全生产费用、生态环境保护与治理恢复费用、煤炭转产资金、职业健康费用等内化到煤炭价格之中。

在石油方面,立足调价周期、调价频率、调价幅度、调价方式等要素,将定价权适度下放给大型央企和行业协会,进而对标国际市场确定石油产品价格。

在天然气方面,政府主导管道运输价格和配气价格的监管,气源价格和终端销售价则应当由企业、消费者共同决定。尤其是在消费终端方面,应当坚持实施居民用气阶梯价格制度,具体而言,以统一政策与因地制宜相结合、保障基本与反映资源稀缺程度相结合、补偿成本与公平负担相结合等为原则,结合各地自然地理环境、经济发展和居民用气特点,确定不同的天然气价格管理方案。

在电力方面,应按照新电改方案的要求,全面理顺电价机制。一是成本透明化。适度鼓励发电企业进行恰当的成本披露,让企业和社会居民在一定程度上了解电力价格的构成,包括发电成本、固定成本分摊情况、输配电成本和税费等。二是差异化定价。考虑地区、时间段、用户电力消费需求及成本差异等因素,普及推广峰谷电价、区域电价等差异化定价策略,引导理性用电,降低电力资源浪费。三是激励机制。一方面,通过价格机制激励电力企业降本增效。另一方面,鼓励用户采用节能设备和节能技术。四是环境成本内化。通过收取碳税、排污费等方式,将环境损害及破坏的成本纳入电力价格,推动绿色电力事业的发展。五是补贴和优惠。以补贴和优惠政策为抓手,推进可再生能源发电等环保项目建设进程。六是风险管理。引入电力期货、电力期权等金融工具,为电力价格的形成机制进行风险对冲。

3. 完善能源市场制度环境

一是健全法律法规。对标能源国家能源管理方法,打造周密、具有前瞻性的能源法律法规体系,明确各主体在能源经济体系中的权利、责任和义务。从能源经济体系的各个环节入手进行制度规范,为能源经济的健康可持续发展奠定制度基础。同时,加强执法监督,确保法律法规的严格执行,维护市场的公平公正。

二是加快能源行业财税体制改革。具体包括:为重点能源项目、重大能源技术创新研发提供专项财政补贴;打造广覆盖、多环节的综合税收调控体系,在不影响国民经济发展的前提下适度降低能源企业税负;围绕"双碳"目标开征碳税;全面推进资源税改革,健全能源环保税收优惠措施(聂海振,2023)。

三是加强监管机制和信息披露机制。建立健全高效、透明、公正的能源监管体系,明确监管职责和权限。加强对能源价格、质量、安全等方面的监管,防止不正当竞争和市场操纵行为。同时,建立有效的信息披露制度,让相关各方有条件了解和掌握能源经济发展过程中的信息,同时也保障消费者的知情权和选择权。

四是建立能源风险防范机制,应对国内国际可能出现的市场波动和意外风险。例如,建立灵活有效的市场调节机制,包括价格机制、供需平衡机制等。通过市场机制,引导能源供需平衡,缓解价格波动,降低市场风险(黄一玲,2024)。

4. 搭建多层次能源市场化交易平台

一是优化市场结构设计。一方面,打造现货市场、期货市场、长期合同市场,形成时间维度相互配合、长期可持续的市场交易结构。另一方面,打造调频、调峰市场,提供辅助服务。完善市场功能和交易规则,以满足不同类型市场参与者的需求。

二是交易机制创新。对标能源强国,引入竞价交易、协商交易、集中撮合等模式,创新交易机制。同时,引入期货、期权、掉期等金融衍生品,为市场参与者提供多元化的风险管理工具。此外,建立透明的价格形成机制,确保交易价格的真实性、有效性、参考性。

三是技术平台建设。能源交易必然会产生海量的交易数据,这就需要打造一个高效、稳定、安全的信息技术平台(系统)来保障交易的平稳进行。具体而言,以大数据、云计算、区块链等为工具,以能源互联网为导向,保障能源交易数据的实时处理、安全存储和高效传输,全方位提高能源市场化交易平台的数据处理水平。

5. 转变政府对能源的监督和管理方式

归根到底,能源管理体制改革以市场化为导向,最终充分发挥市场在能源资源配置过程中的重要作用。从公共管理的角度来看,这就有必要厘清政府与市场的权利义务边界。结合中国的国情社情来看,政府在能源管理体制改革过程中应当注意监督管理方面四大职能的发挥,即宏观引导、市场监管、资源保护和利益协调。

在宏观引导方面,要充分发挥政府优势,避免出现"市场失灵"的现象。一是构建以《中华人民共和国能源法》为核心的能源法律法规体系,使能源管理体制改革与能源市场化改革有法可依。二是完善能源战略规划,以新质生产力理念为指引,围绕能源区域布局及龙头项目布局、可再生能源与清洁能源发展、能源与生态环境保护等重大问题进行科学规划。三是加强能源基础信息体系建设,降低相关各方之间信息不对称的负面影响。四是统筹协调多智能管理部门和大型能源企业共同打造对外合作格局,形成思想统一、方向明确、动作一致的能源全球布局与国际合作战略,有效提升中国在全球能源治理格局中的地位。

在市场监管方面,要加强对能源经济活动及能源企业的动态监管。在对能源产业进行深入梳理和结构化改革的基础上,对竞争性环节放松管制,重点抓好自然垄断环节成本与价格的监管。

在资源保护方面,要处理好能源积极发展与生态环境资源保护二者之间的关系。与能源类似,生态环境资源具有一定的特殊性,即公共性、不易恢复性等。从整体上来看,虽然能源资源开发处于国家的有效监管之下,但无序开发、粗放开发、恶意开发的现象仍然存在于个别地区和个别领域。对于政府而言,有必要综合利用行政、法律和经济手段,逐步完善资源管理体制,健全资源资产产权制度和用途管制制度,切实加强对生态环境资源的制度保护。

在利益协调方面,政府要明确自身定位,处理好中央和地方、发达地区与欠发达地区、政府与企业及民众等各种复杂关系。例如,国内能源企业以央企和国企为主,利益分配问题十分复杂,一方面涉及政府和企业之间的利益分配,另一方面涉及中央和地方税收分成的问题。此外,从能源资源禀赋的角度来看,西部地区的能源储量较为丰富。但是,能源消费则集中在东部沿海发达地区。更深入地看,能源初级产品和制成品之间的"剪刀差"问题及能源开采、环境污染等问题也使得东西部之间出现了利益分配层面的问题,如何进行支付转移和利益补偿成为了一道难题。

有必要指出的是,可再生能源、清洁能源的开发使用成本和能源经济发展过程中的环境治理成本需要在社会内部进行消化处理,这就需要建立一种价值补偿和分担机制。政府应从理顺中央和地方财政及税收体制,以及理顺能源产品价格及补偿机制等方面入手协调好不同主体之间、不同区域之间、不同类型企业之间的利益关系,最终实现责任共负、利益共享和风险共担(黄一玲,2024)。

六、新质生产力理念下能源管理体制改革的实施路径

其一,制订改革方案。深入研究新质生产力理念对能源管理体制的要求,结合中国能源发展现状和未来趋势,制定具有前瞻性和可操作性的改革方案。

其二,试点先行。选择部分地区和能源领域开展改革试点,总结经验教训,逐步推广成功模式和做法。

其三,加强政策协同。能源管理体制改革涉及多个部门和领域,需要加强政策之间的协同配合,形成政策合力。

其四,提高公众参与度。广泛征求社会各界对能源管理体制改革的意见和建议,提高公众对改革的认知和支持,形成全社会共同推动改革的良好氛围。

七、新质生产力理念下能源管理体制改革的保障措施

在新质生产力理念的引领下,能源管理体制改革是一项艰巨的任务。通过明确目标、制定策略、选择合适的实施路径,我们能够逐步建立起适应新时代发展要求的能源管理体制,推动能源领域的创新发展、绿色发展和可持续发展。在这一过程中,保障措施也必不可少。

第一,健全能源绿色低碳转型安全保供体系。

健全能源预测预警机制。实行分级分类的能源生产管理,加强能源供需及能源消费信息平台建设,打造全国联动的能源综合监测机制、协同调控机制和能源安全预警机制,大型能源企业要定期向上级主管部门报送相关信息。在这一过程中,要加强能源部门和应急、气象、水利、地质等其他部门的合作,共同进行能源经济的预测预判、意外预防和风险应对。

构建电力系统安全运行和综合防御体系。其一,研发和引进具有国际一流水平的电力设备和技术,强化电网基础设施建设,全方位提高电网的输电能力并保障其稳定性。其二,综合运用大数据和人工智能,对电网运行状态进行严密监控,打造综合监测与信息预警系统。其三,综合考虑各种影响因素,加强电力系统的规划和设计,从结构、系统的高度提高其可靠性、韧性和灵活性。其四,制定科学合理的应急预案,定期进行操作演练,确保在突发情况下能够敏捷响应。其五,注重人员培训与管理。提高运维人员的专业素质和应急处理能力,保障电力系统的安全稳定运行。

健全能源供应保障和储备应急体系。根据能源经济体系建设要求,打造政府储备、企业储备和生产经营库存有机结合、互为补充,实物储备、产能储备和其他储备方式相结合的战略性能源储备体系、调峰系统与应急体系。

第二,建立支撑能源绿色低碳转型的科技创新体系。

建立清洁低碳能源重大科技协同创新体系。建设政府为引领、科研机构为支撑、企业为主体的能源技术创新体系,积极推动能源科技创新产学研用的深度融合。围绕可再生能源及清洁能源领域相关基础零部件及元器件、基础软件、基础材料、基础工艺等关键技术进行协同科技研发,发挥社会主义集体智慧优势,争取在能源技术创新方面快速达到全球领先水平。

建立清洁低碳能源产业链供应链协同创新机制。依托龙头企业和大型能源项目,以上下游协同和供应链协为抓手,打造清洁低碳能源技术创新促进机制。同时,针对研发设计、计量测试、检测认证、知识产权服务等进行协同创新机制建设,加快科研成果向实践的快速转化。

完善能源绿色低碳转型科技创新激励政策。探索以市场化方式吸引社会资本支持资金投入大、研究难度高的战略性清洁低碳能源技术研发和示范项目。

第三,建立支撑能源绿色低碳转型的财政金融政策保障机制。

完善支持能源绿色低碳转型的多元化投融资机制。引入多元投资主体,引导社会资本共同参与到能源绿色低碳转型的过程之中。发展绿色债券、绿色基金、绿色保险等定向金融产品和服务,为绿色低碳项目提供丰富的融资渠道。

完善能源绿色低碳转型的金融支持政策。一方面,强化政策制定与激励机制。制定清晰的金融支持政策框架,为能源绿色低碳转型提供政策指导和发展预期。通过税收减免、财政补贴、优惠贷款利率等途径,为绿色低碳转型项目提供金融支持。另一方面,强化风险管理和保险机制。全面考虑各种风险因素,建立指标体系周密、方法全面、计算缜密的风险评估模型,对绿色低碳项目进行准确的风险测算。同时,面向能源绿色低碳转型发展推出绿色保险产品,为投资者提供稳固的风险保障。

第四,促进能源绿色低碳转型国际合作。

积极推动全球能源治理中绿色低碳转型发展合作。保持全球视野,在世界范围寻找和建立能源合作伙伴关系,逐步提高在能源绿色低碳转型方面的话语权。打造国际性的能源管理合作平台,持续支持可再生能源、清洁能源相关技术人才合作培养。

充分利用国际要素助力国内能源绿色低碳发展。一方面,着力推动国内能源市场与国际能源市场规则的对接,如碳交易市场的国际标准和规则,以促进跨境交易和合作。另一方面,积极参与制定国际能源和环境标准,提升国内企业的国际竞争力,同时确保国内政策与国际规则的一致性(朱丹,2023)。

第三节 能源监管

在新质生产力理念下,开展能源监管需要以创新、绿色发展和数字化为核心,构建一个高效、透明、协同的监管体系。能源监管体系不仅要确保能源市场的健康发展,还要促进能源产业的创新和转型,同时还要保障能源的可持续供应和使用。

第一,着力强化能源安全保供监管。①以能源供应的安全性为能源监管的指南针,督促政府职能管理部门和能源企业落实保供政策、承担主体责任。加强电煤、电力、天然气等能源供需形势监测、分析和预警,做好管理台账,及时发现问题,协调推动能源稳定供应。②推动国家能源规划、政策和项目落实落地。围绕能源规划落实、能源政策实施,以关键任务、重大工程为重点,加强面向过程的监督检查。③充分发挥市场机制保供稳价作用。积极推动跨区域能源交易,增强市场发现价格的功能,建立稳定的市场秩序,从源头上进行能源保供。

第二,着力强化清洁能源发展监管。①保障新能源和新型主体接入电网。面向可再生能源、清洁能源发电项目提供电力入网服务,优化电网负荷。②提升调节性电源利用水平。通过政策引导与市场规范,刺激调节性电源的建设和运用,确保能源供应与实际需求之间能够灵活匹配。③有序推进清洁能源参与市场交易。加强市场机制创新,逐步扩大清洁能源市场化交易比例,积极培育绿色电力消费市场。

第三,着力强化自然垄断环节监管。①建立健全电力、油气自然垄断环节监管制度。多部门协同发力,加强对能源领域自然垄断企业的行政监管,对有关能源企业落实国家能源政策的情况进行立体监督。②加强电网垄断环节监管。加强对电网建设和运营的监督,保障电网设施的安全运转,切实提高供电稳定性、可靠性。加大信息披露力度,要求电网企业公开组织架构、成本、运营等关键信息。此外,完善投诉处理机制,及时回应和解决用户能源使用难题,保障其合法权益。③加强油气管网设施公平开放监管。开展油气管网设施公平开放专项监管,督促相关企业完善管理制度,确保油气管网平稳运行。

第四,着力强化监管执法权威。①持续打造能源领域综合监管品牌。以公平公正原则为准绳,建立周密的监管标准和完善的监管流程。引入大数据、人工智能等技术手段,提高监管工作的效率及精准度。加强与相关部门和企业的横向协作,形成监管合力。②强化重点领域行政执法工作。抓住市场准入与退出、质量与安全标准、价格、能源效率、信息披露与透明度、消费者权益保护、应急响应与危机管理等能源监管重点领域,依法严肃查处违法违规行为。③规范能源行政执法行为。在完善监管信息系统建设的基础上,实施全过程、可视化监管,加强行政处罚程序规定、行政处罚案件案由、裁量权基准等制度的宣传贯彻,严格落实规范公正文明执法要求,持续提高行政执法规范化水平。

第四节 能源政策执行评估

如果没有科学、全面的评估,能源政策实施的效率效果就无从得知。在新质生产力理念下,开展能源政策执行评估是一个全面、系统的过程,旨在确保政策目标的实现、政策效果的最大化和政策调整的及时性。

以下是在新质生产力理念下开展能源政策执行评估的具体阐述。

一、明确评估目标和范围

明确能源政策执行评估目标是评估的重要前提,包括确定政策目标总体设置、能源效率提升水平、能源结构优化结果和环境可持续性状况等。具体而言,能源政策执行评估的范围应涵盖政策所涉及的各个方面,如能源生产、传输、分配和消费环节,以及不同能源类型(如传统能源、可再生能源)的发展情况等。

例如,如果一项能源政策旨在到特定年份将可再生能源在能源消费中的占比提高到一定水平,评估目标就是确定该目标是否达成。具体而言,需要在特定年份将可再生能源在能源消费中的占比与政策目标进行对比。如果实际占比低于预期,就要分析这方面可能存在的问题并据此做出针对性调整。

为实现明确的目标和范围,需要与政策制定者、相关部门和利益相关者进行充分沟通,全方位地把握能源政策的预期目的和结果期望值。同时,也有必要结合实际情况合理确定评估的范围、边界与重点。

二、建立科学合理的评估指标体系

建立全面、科学、合理的评估指标体系是准确评估能源政策执行效果的关键。一方面,指标体系应当具备一定的层次性并涵盖经济、环境、社会和技术等多个方面。另一方面,指标应当体现可量化、可测度与可操作等特征,不能盲目设置。

经济维度的指标包括能源产业投资回报率、能源成本降低幅度、对经济增长的贡献率等。例如,通过计算可再生能源项目的投资回报率,可以判断项目的效益及可持续性。

环境维度的指标主要指温室气体排放减少量、能源生产和消费过程中的污染物排放水平等。例如,通过对特定区域、特定时间段内二氧化硫、氮氧化物等污染物排放量的前后对比,可以衡量执行能源政策前后的环境改善情况。

社会方面的指标可以考虑能源供应的可靠性和稳定性、能源贫困的缓解程度、就业机会的创造等。例如,通过统计能源产业创造就业岗位的数量,可以发现其对社会经济的具体供需。

技术维度的指标包括能源技术创新水平、节能技术应用情况、能源利用效率提高程度等。例如，通过能源利用效率的前后对比，可以在一定程度上衡量能源政策的效果。

三、收集和分析相关数据

在知识经济时代，全面、准确的数据收集是能源政策执行评估的重要基础。没有相关数据，就很难对能源政策执行进行量化分析。通常情况下，相关数据的来源渠道主要包括政府统计部门、企业经营年报、科研机构学术文献和实地调研结果等。例如，可以通过统计部门、能源主管部门和能源企业获取能源生产及消费的数据。再如，通过实地调研，可以从能源企业那里得知能源技术创新的相关数据。

在收集数据的基础上，可以运用回归分析、时间序列分析、专家打分等分析方法来对评估指标进行量化分析。通过回归分析，可以把握政策激励措施与可再生能源投资之间的相关关系及数量关系。同时，也可以利用案例研究、专家访谈等定性方法来理解能源政策执行的背景和影响因素。例如，通过对某个可再生能源项目进行案例研究，可以深入剖析能源政策支持的作用机制并探讨项目运行过程中的经验教训。

四、评估政策执行过程和机制

除了能源政策的执行结果，其执行过程和管理机制也需要纳入评估范围。具体而言，这包括能源政策宣传推广情况、相关部门协调配合情况、政策工具的选择和运用情况等。通过对政策执行过程和机制的评估，不仅可以衡量能源政策落地的效率效果并发现其中存在的问题，还可以发现影响政策执行效率效果的体制性、程序性障碍，为改进政策执行提供依据。

能源政策宣传推广情况主要考察充分程度，即是否使利益相关者真正了解能源政策的目标和要求。例如，可以通过问卷调查或小组讨论等方式了解社会公众对能源政策的知晓程度和理解情况。

相关部门协调配合情况主要是指职责分配情况、边界设置情况、流程衔接情况等。例如，通过对能源项目审批过程的考察，可以发现不同部门之间的协作效率和沟通效果。

政策工具的选择和运用主要考察其政策目标和实际情况之间的匹配程度。例如，可以考察政府如何选用政策工具来对高能耗行业进行环保约束。

五、考量外部因素和不确定性

在评估能源政策执行效果时，需要充分考虑外部因素和不确定性的影响，如宏观经济形势的变化、市场需求的变化、周边国家地缘政治形势变动等。例如，宏观经济衰退可能导致能源需求下降,从而影响能源政策的预期效果。

通常情况下,可以利用情景分析、敏感性分析等方法来分析外部因素和不确定性对能源政策执行效果的影响等级和影响程度。在此基础上,可以有针对性地进行优化调整。

六、形成评估报告和提出政策建议

在以上各项评估工作的基础上,可以对能源政策执行情况进行整体评价并形成框架清晰、内容详尽、结果明确的评估报告。一般而言,这种评估报告应该包括引言、能源政策概述、政策执行情况、能源政策执行效果量化评价结果、政策执行中的问题与挑战、改进建议与措施、结论、未来展望等内容。在报告中,评估的方法、过程、结果都应当详细列出。

从整体上来看,能源政策执行情况评估报告应客观而准确地从成绩和问题两个层面反映实际情况。对于成绩,要体系化地进行经验总结并进行更大范围的推广。对于问题,要深入分析背后的原因并有针对性地提出具有可操作性的改进建议。例如,针对能源效率提升不明显的问题,建议加大对节能技术研发的支持力度,完善能源价格形成机制,加强节能监管等。

能源政策执行情况评估报告应当向政策制定者、相关部门和社会公众公布,让所有利益相关人都对之有一定的了解。同时,要建立可靠的渠道收集各类利益关系人对能源政策执行情况评估结果的反馈信息,这也是能源政策迭代优化的重要基础。

第八章　新质生产力理念下能源经济体系的若干重点

近年来,新一轮科技革命和产业变革在全世界范围内如火如荼地蔓延开来,人们的生产生活方式向低碳化、绿色化、智能化的方向发展,推动能源经济与各类前沿技术紧密融合,能源体系和发展模式正在进入可再生能源、清洁能源主导的新阶段。在全球气候治理呈现新局面的背景下,以新质生产力理念为指引,加快构建现代能源经济体系不仅是保障国家能源安全、落实碳达峰碳中和目标的内在要求,也是推动实现经济社会高质量发展的重要支撑。

通过前文分析可以发现,能源经济体系建设是一个长期、系统而艰巨的社会工程。在建设过程中,眉毛胡子一把抓是不可取的,应当抓住重点,面向难点,循序渐进地予以推进。

第一节　推动能源生产消费方式加快转型

能源是人类社会发展的重要物质基础,直接关系到国计民生、社会经济与国家安全。20世纪末以来,能源的生产和消费方式正面临着深刻的变革。在新质生产力理念下,推动能源生产消费方式加快转型势在必行。

一、推动能源生产消费方式加快转型的必要性

推动能源生产消费方式加快转型,是应对全球能源挑战的必然选择。在2020年以后,全球各国经济缓慢复苏且呈现出持续增长的趋势,这为人口增长奠定了基础。随着经济的发展进步和人类生活水平的提高,能源需求呈现出持续快速上升的趋势。相比之下,煤炭、石油、天然气等传统化石能源储量有限、开采利用污染严重、能效比不乐观等弊端日益显现。与此同时,能源短缺、能源价格剧烈波动和能源安全等问题给各国能源经济发展带来了沉重压力,也给世界经济的可持续发展蒙上了一层阴影。为了保障能源的稳定供应,各国政府争先恐后地推动能源生产消费方式转型。近年来,可再生能源、清洁能源在很多国家都实现了井喷式发展,为应对能源挑战提供了有力支撑。

推动能源生产消费方式加快转型,是实现可持续发展目标的关键举措。随着社会的发

展,人们越来越认识到,一时的经济增长的重要性与社会经济长期可持续发展的重要性是难以比拟的。也就是说,我们不仅要考虑当代人的能源消费需求,更要有意识地考虑子孙后代的能源需求。自工业革命以来,人类为了自身利益发展而不惜以破坏环境为代价进行能源的掠夺式、粗放式开发,对生态环境的破坏已经十分明显。在新质生产力理念下,保护生态环境、实现人与自然的和谐共生都显得非常有必要。从这个意义上来看,必须加快推动能源生产消费方式的转型,减少能源开采利用过程中的污染物排放,早日实现能源的清洁、高效、可持续利用。

此外,推动能源生产消费方式加快转型是加强能源安全保障的内在要求。前文多次指出,传统化石能源储量有限且全球分布不均。对于中国而言,能源对外依赖程度过高始终是安全隐患。一旦国际局势和国际能源市场有什么风吹草动,必然会对中国能源经济造成难以估量的影响。推动能源生产消费方式的转型,提高可再生能源和清洁能源在能源供应中的比重,是保障国家能源安全的必由之路。

其次,推动能源生产消费方式加快转型是应对环境恶化和气候变化的必然选择。传统能源的大规模使用会排放大量的温室气体和污染物,如二氧化碳、二氧化硫、氮氧化物等。这对生态环境造成了难以修复的严重破坏,加剧了气候的恶化。推动能源生产消费方式的转型,大力发展绿色、清洁、低碳的能源,有助于减少温室气体排放、减轻环境污染。这不仅有助于保护生态环境和维持生态平衡,也符合新质生产力理念的发展要求。

二、推动能源生产消费方式加快转型的途径

推动能源生产消费方式加快转型,需要加强科技创新。科学技术是第一生产力,在能源生产消费方式转型方面同样有所体现。在新质生产力理念下,科技创新将提供核心驱动力。从开发、生产和利用的角度来看,科技创新能够有效提高能源转换效率,也能够为能源转型提供更多模式、平台乃至方向上的选择。从消费的角度来看,科技创新可以丰富节能手段并提高能源终端利用效率,减少不必要的能源浪费。

推动能源生产消费方式加快转型,需要完善政策支持体系。作为社会主义国家,政府在能源生产消费方式加快转型过程中将发挥无可替代的引导和推动作用。要制定和实施有利于能源转型的法律法规和政策措施,为能源转型提供良好的政策环境。例如,通过制定和落实可再生能源发展规划方案,政府可以推动各种生产要素向这一领域集中,这将间接地推动能源生产消费方式加快转型。

推动能源生产消费方式加快转型,需要提高公众意识。公众是能源消费的主体,提高公众的能源意识和环保意识对于推动能源生产消费方式加快转型而言是必不可少的。要加强能源教育和宣传,普及能源知识和节能技巧,引导公众树立正确的能源消费观念,鼓励公众积极参与能源节约和环境保护行动。例如,要通过教育宣传培育社会公众的能源意识和环

保意识，吸引他们参与到能源政策落实和能源项目推广的过程中来。

第二节 提升能源供应链弹性、韧性与安全水平

能源供应链是指能源经济活动及其所涉及的各种资源、技术、设施、企业的有机组合。它涵盖了能源的来源获取、转化处理、输送配送和终端利用等各个环节，同时也涵盖了能源资源的勘探开发、能源产品的生产制造、能源成品的运输与仓储、能源的销售与交易等一系列交叉的微观经济活动（霍宇辉，2024）。从整体上来看，能源供应链的高效运转对保障能源稳定供应、满足社会经济发展的能源需求、优化能源资源配置，以及降低能源成本及污染物排放等都十分重要。

在产业经济领域，"韧性"一词主要用来刻画经济系统在受到外部冲击时的抵抗能力与恢复能力。通常情况是，某个产业链的抵抗能力与恢复能力越好，就可以认为它的韧性越强。国内学者的研究还发现，产业链的韧性离不开价值链控制能力和创新能力等因素的支撑。

通过前文的分析可以发现，提升能源供应链的弹性、韧性与安全水平对保障国家能源安全、应对突发事件和促进经济稳定发展至关重要。以下是对提升能源供应链弹性、韧性与安全水平具体途径的阐述。

一是强化战略安全保障。

增强油气供应能力。以新质生产力理念为指引，提升油气勘探开发水平，从陆地、海洋两个维度进行油气基础地质调查和勘探，为油气供应打好基础。针对已开发油田，要以科技创新为抓手提高生产效率。针对新开发油田，要对标能源强国和优秀企业提高建设水平，保障持续稳产增产。此外，积极扩大非常规资源勘探开发范围，加大页岩油、页岩气、煤层气开发力度，切实增强油气供应能力。

加强安全战略技术储备。以新质生产力理念为指引，以环境承载能力为前提，加强煤制油气战略基地规划布局和管控，保障相关项目建设平稳推进。加强能源产能和技术储备，立足于生物柴油、纤维素燃料乙醇、生物航空煤油等非粮生物燃料进行能源战略储备。

能源供应链关系到国家能源安全。在提升能源供应链弹性、韧性与安全水平的过程中，要坚持和强化底线思维，针对痛点、补齐短板，多元保障、强化储备，建设产供储销密切衔接的网络体系，不断增强能源方面的风险应对能力，切实保障能源产业链与供应链稳定，为社会经济平稳发展奠定基础。

二是提升运行安全水平。

加强煤炭安全托底保障。优化煤炭产能布局，在山西、内蒙古西部和东部、陕北、新疆等地加强煤炭供应保障基地，以先进产能为抓手，重点布局一批资源禀赋佳、竞争水平高、安全

保障出色的大型现代化智能化煤矿。完善煤炭跨区域运输通道和集疏运体系,实现煤炭的高效跨区域供应。同时,建立健全以企业社会责任储备为主体、地方政府储备为补充、产品储备与产能储备有机结合的煤炭储备体系。

发挥煤电支撑性、调节性作用。根据社会经济发展需要,合理进行发电工作布局,切实保障火力发电系统的安全稳定运行。加快推进煤电主体性电源向多元共存电源转型。

提升天然气储备和调节能力。整合地方政府、天然气企业、管网公司、民营热力企业力量,在全国范围内统筹推进地下储气库、液化天然气接收站等储气设施建设。

维护能源基础设施安全。加强重要能源设施安全防护和保护,完善联防联控机制,重点保障各类能源基础设施平稳运行和有序维护。把"安全第一、质量第一"的理念贯穿于能源基础设施建设的所有环节,将安全责任落实到具体岗位、具体员工,全方位保障能源基础设施安全。

三是加强应急安全管控。

强化重点区域电力安全保障。按照"重点保障、局部坚韧、快速恢复"的原则,以直辖市、省会城市、计划单列市为重点,加强能源应急安全管控,保障能源供应的持续性、稳定性与可靠性。

提升能源网络安全管控水平。以互联网、大数据、人工智能等相关技术为辅助,推动建立能源行业、企业网络安全态势监测平台,打造集预警、风险分析、应急预案于一体的能源网络安全管控体系。

加强风险隐患治理和应急管控。针对能源经济体系建设关键领域,强化重点监管,加强对风险隐患的排查与治理能力,逐步提升应急管控水平。

第三节 推进能源产业体系现代化

能源产业体系的现代化是实现经济可持续发展、保障能源安全和应对全球气候变化的关键。以下将详细阐述如何推进能源产业体系现代化。

一是增强能源科技创新能力。

锻造能源创新优势长板。充分发挥在风电、太阳能发电、生物质能、地热能、海洋能等方面的装备与技术优势,继续加强科研攻关,逐步提升可再生能源、清洁能源的技术创新能力。推动新型电力系统、新一代先进核能等方面的技术突破。与此同时,在传统化石能源清洁高效利用方面加强技术创新,在绿色勘探开采、高效利用和生态保护方面形成相对的技术优势。

强化储能、氢能等前沿科技攻关。在电动汽车日益普及的当下,储能技术显得越来越关键。因此,要加强这一领域的技术攻关,提高这方面的技术自主能力。同时,加强储能技术标准和管理体系建设,为先进电池的规模化应用奠定基础。同时,针对氢能这一富有前途的清洁能源,提前进行项目部署,在制氢、储运、应用方面进行集体攻关,力争实现氢能全产业链关键技术达到全球领先水平。

实施科技创新示范工程。与其他国家相比,中国在能源应用方面具有人口较多、工业化基础雄厚等优点。因此,在发展空间、工程项目建设方面,中国有着独特的优势。有必要充分发挥这一优势,通过科技创新示范工程发力,在先进可再生能源发电和综合利用、核能综合利用、油气高效勘探开发等领域持续取得突破。同时,针对智能电力系统、高效储能、二氧化碳捕集利用与封存等前沿领域,设计和落实一批大型工程建设项目,为技术研发提供实践平台。

二是加快能源产业数字化、智能化升级。

推动能源基础设施数字化。以互联网、大数据、5G通信、云计算、人工智能、区块链等领域的先进技术为基础,以数字化力量推动能源经济与其他领域的融合发展。在电厂、输电网络、油气管道等方面,积极推进设备装备、工艺流程的智能升级,实现高效柔性生产。此外,以数字化、自动化、网络化为标准,打造国际一流能源基础设施和智慧能源调控体系,实现能源供需的动态监控和精确匹配。

建设智慧能源平台和数据中心。面向能源供需衔接、生产服务,支持各类主体打造平台,完善商业模式,推进行业、城市、园区等不同级别的平台化服务。围绕能源领域的数据资产做文章,完善数据资源确权、知识产权保护开放、流通、交易制度体系,为能源经济体系建设提供数据支撑。

实施智慧能源示范工程。以可再生能源基地、智慧能源服务、智能电网、虚拟电厂等为依托,实施一批智慧能源示范工程,推进"智慧风电""智慧光伏发电""智能地热发电"等项目建设,然后逐步向有条件的地区和领域进行推广应用。

三是完善能源科技和产业创新体系。

整合优化科技资源配置。面向能源安全需求和能源供需体系建设,以国家重点实验室、区域能源研究中心、能源产业研究院等为基础,打造能源科技和产业创新体系。推进科研院所、高等院校和企业科研力量优化配置及资源共享,深化军民科技协同创新。充分发挥社会主义市场经济条件下的新型举国体制优势,提升能源关键核心技术产品产业化能力,完善技术要素市场,加强创新链和产业链对接,完善重大自主可控核心技术成果推广应用机制,推动首台(套)重大技术装备示范和推广,促进能源新技术产业化、规模化应用。

激发企业和人才创新活力。以工业生产和居民生活能源需求为导向,加强技术创新与市场之间的衔接。突出企业在能源技术创新方面的主体地位,构建以企业为责任主体、以能源市场需求为导向、产学研用深度融合的能源技术创新体系。面向全球,面向未来,吸纳国内国际一流能源科技人才,为之提供坚实的平台支撑和制度激励,充分启发他们的创新活力,为能源经济体系建设提供有力、有利的人力资本支撑。

第四节 增强能源高质量发展动能和活力

新质生产力的本质、内涵和特征与高质量发展密切相关。也就是说,新质生产力在一定程度上服务于高质量发展。推动能源高质量发展对经济增长、环境保护和社会可持续发展具有十分突出的价值。相应地,增强能源高质量发展动能和活力也是发展新质生产力的重要表现。增强能源高质量发展的动能和活力,需要从多个方面综合施策、协同推进。

能源高质量发展的动能和活力首先来源于科技创新。在能源勘探开发领域,需要持续探索新的理论基础和方法论体系,提高能源资源勘探的精度与开采效率。例如,将先进的地球物理勘探技术应用于油气资源勘探,可以在更广阔的范围内为能源经济体系建设提供油气资源支持。

在能源转化和利用方面,需要在高效燃烧技术、先进发电技术和能源存储技术方面加大资源投入力度。研发更高效率的燃气轮机和蒸汽轮机,突破传统火力发电热效率的提升瓶颈;研发先进的燃料电池技术和电能储存技术,切实满足各类新型能源消费需求。

能源互联网技术的发展也为能源高质量发展注入了强大动力。将能源经济各环节与互联网进行深度融合,有助于实现数字化、网络化、智能化的能源资源配置和能源管理系统智慧升级。例如,通过对网络上能源消费数据的挖掘使用,可以对未来特定时间段内的能源供需进行科学预测,从而实现高精度的能源资源配置,这将大大提升能源系统的运行效率与可靠性。

产业升级是增强能源高质量发展动能和活力的重要途径。一方面,着力推动能源产业向绿色化、清洁化与智能化的方向转型,有序淘汰传统产能,实现高效集中的能源生产加工。另一方面,对传统能源产业链条进行优化升级,不断向全球能源价值链的高端攀升。

拓展能源产业集群也是增强能源高质量发展动能和活力的重要途径。在能源经济体系建设过程中,以太阳能、风能、水能、地热能、生物质能等新型能源为依托,切实提高能源行业装备制造水平,逐步降低新型能源开发利用成本。

倡导绿色能源消费理念,引导居民合理用能、节约用能。通过能源消费方式的转变,促进能源供应端的优化升级,形成能源供需的良性互动。

从整体上来看,增强能源高质量发展的动能和活力需要科技创新引领、产业升级推动、体制机制改革保障、国际合作拓展、人才支撑、金融创新助力、消费方式转变、基础设施建设加强,以及政策支持引导等多方面的共同努力。

第三篇　新质生产力理念下能源经济体系建设的瓶颈与对策

　　前文分析了新质生产力对能源经济体系建设的重要意义。但是，必须认识到的是，能源经济体系建设任重而道远，这方面所面临的阻碍因素也不容忽视。①技术创新不足。从整体上来看，虽然能源技术创新不断取得进步，但许多清洁能源技术在成熟度、精细度等方面还有所不足，成本方面有一定的下降空间，转化效率也有待提升，大规模应用仍然困难重重。②资金投入不足。能源经济体系建设需要巨大的资金投入，尤其是在清洁能源和能源基础设施建设方面。然而，资金短缺和投资风险较高往往阻碍了项目的推进。③政策支持不够。能源政策顶层设计仍然有一定改进空间，执行过程中的连贯性、稳定性和执行力也有待进一步检验，对能源经济体系健康发展的支撑力度也有待提升。④市场机制不完善。与能源强国相比，国内能源市场机制建设还很不成熟，市场准入门槛高、市场竞争秩序不稳定、价格形成机制不全面不精细等现象仍然存在，在一定程度上对能源经济体系的活力和效率造成了负面影响。⑤基础设施建设仍然有一定的改进空间。在电网、油气管网、储能设施等方面，仍然存在一定的提升空间。⑥能源安全风险不容忽视。作为能源大国和工业大国，中国始终面临着能源进口依赖度高、能源战略储备体系不完善等问题，能源供应的稳定性还没有得到彻底解决。这不仅给能源经济体系建设带来了不容回避的风险因素，也给能源经济的可持续发展造成了一定程度的拖累。面对这些阻碍因素，有必要通过政策引导、技术创新、市场机制完善、国际合作加强、公众教育提升等多种途径来进行克服。只有这样，才能积极推动能源经济体系的健康发展。

第九章　能源经济体系建设的瓶颈

第一节　能源区域性供需矛盾不容忽视

能源是现代社会发展的重要物质基础,对国民经济增长、社会稳定和国家能源安全具有特殊价值。作为世界上最大的能源消费国之一,中国在能源供需方面面临着诸多挑战,其中区域性矛盾尤为突出。

一、能源资源分布的不均衡

中国能源资源在地理分布上存在着显著的差异。煤炭资源主要集中在山西、陕西、内蒙古、新疆、贵州等地;石油资源主要分布在东北、华北和西北地区;天然气资源则主要集中在中西部的四川、新疆等地。相比之下,经济发达、能源需求量较高的东部沿海地区能源储量匮乏。

能源资源分布的不均衡导致了能源供需在空间上的错位,这给能源传输带来了沉重的技术压力和成本压力。以煤炭为例,山西、陕西和内蒙古等省区拥有丰富的煤炭储量,但本地能源消费上升空间相对有限。东部沿海地区在发电、取暖、生活烹饪等方面都对煤炭资源有着较高的需求,储量却相对稀缺。为了满足东部沿海地区的煤炭需求,需要组织火车、汽车、轮渡等多种渠道力量进行运输。这种动辄上千千米的煤炭运输意味着成本的无谓增加,同时也给交通运输业造成了巨大负担。在石油、天然气等方面,情况也较为类似。

造成这种不均衡现象的原因是多方面的。其中,地质构造和沉积环境的差异构成了决定性因素。在数以亿年计的地质历史中,不同地区的能源储存条件和储量都各有差异。同时,经济发展基础和产业布局因素也深刻地影响了能源需求,主要表现为:东部沿海地区经济发达,工业和服务业都有相当的规模,能源需求量较高;中西部地区地大物博,资源丰富,但社会经济仍有巨大拓展空间,能源需求量显得相对较小。

就能源经济体系建设而言,能源资源分布的不均衡意味着多层次的挑战。一方面,为了平衡能源供需,需要投入大量资本建设铁路、管道、管网等能源运输通道,维护成本也使政府感到"压力山大"。另一方面,能源资源分布的不均衡容易导致能源供应的局部紧张,在特殊情况下会造成剧烈的价格波动并传导给产业经济及居民生活。

二、能源消费结构的差异

中国地域辽阔、人口众多。从经济发展水平、产业结构、资源禀赋等角度来看,地区差异十分明显。从客观上来看,这种差异造成了能源消费结构上的差异化、多样化、丰富化。

从东部沿海地区来看,经济发展层次即使与发达国家相比也不遑多让,产业结构方面以高新技术产业、制造业和服务业为主。这些产业对电力的数量和品质都有着较高要求。所以,在东部沿海地区的能源消费结构中,电力占据突出地位。同时,东部地区的交通运输业、物流业较为发达,对石油燃料的需求相对较高。此外,由于经济发展水平和居民环保意识相对较高,东部地区对可再生能源、清洁能源的接受程度较高,其普及程度领先于其他地区。

作为重要的工业基地和粮食生产基地,东北地区的产业结构以机械制造、石油化工等为主。因此,传统化石能源在能源消费结构中占有突出地位。近年来,东北地区的经济转型和产业升级不断推进,对可再生能源、清洁能源的需求也在逐步增大。

相比之下,中西部地区的能源消费结构有所区别。中西部地区拥有丰富的能源资源,产业结构中钢铁、化工、有色金属等行业的地位较为重要。这些行业具有传统化石能源依赖程度高、污染排放量大等特点。同时,中西部地区能源基础设施建设相对滞后,在一定程度上拖累了可再生能源、清洁能源的开发利用和大规模普及。

造成这种地区性能源消费结构差异的原因主要可以归纳为以下几个方面。首先,资源禀赋影响着能源消费结构。中西部地区煤炭资源丰富,就地取材使用煤炭具有成本优势,东部发达地区的资源禀赋则以人力资本和技术性因素为主。其次,经济发展水平是重要因素。东部地区经济发达,对能源利用效率和环保的要求也更高,引入更多的资金和技术投入到清洁能源的开发和利用过程之中。相比之下,中西部地区经济发展水平有所不足,对传统能源的依赖程度也相对较高。此外,产业结构的不同决定了能源需求的种类和数量。东部的服务业和高新技术产业对电力和高品质能源的需求大,而中西部的重工业则对煤炭等能源需求更多。

认识到中国不同地区能源消费结构的差异,有助于制定更加合理的能源政策。东部地区应继续加强清洁能源的发展,在提高能源利用效率的基础上提高能源战略储备及应急管理能力。中西部地区可以创造条件逐步加大可再生能源、清洁能源的开发利用。同时,逐步推动产业结构优化升级,减少对高耗能、高污染产业的依赖。从整体上来看,中央政府需要因地制宜地制定和推行差异化的能源管理政策,最终实现全国能源消费结构的健康可持续发展和相关技术的均衡进步。

三、能源基础设施建设的不平衡

中国不同地区在能源基础设施建设方面存在着明显的不平衡现象,这种不平衡主要表现在以下几个方面。

从电网建设来看,东部地区的电网架构相对完善,输电能力强,智能化程度高。这是因为东部地区经济发达,用电需求大,对电力供应的稳定性和可靠性要求高,这就促进了电网建设水平,维护保养也非常专业。相比之下,中西部地区的电网建设水平有待提高,存在着电网质量不佳、部分地区线路老化、供电可靠性相对较低等问题。

在油气管道方面,由于靠近能源进口港口和炼化基地,东部地区的油气管道网分布密集,油气供应具有突出的稳定性。中西部地区虽然是油气资源的主要产区,但管道建设密度仍有待提高,部分油气资源的外输受到了负面影响。

在新能源基础设施方面,东部地区在太阳能、风能等新能源的开发和利用上起步较早,相关的储能、输电设施相对较为完善。相比之下,中西部地区在新能源基础设施建设方面还有较大的提升空间。

造成这种不平衡现象的原因是复杂多样的。从基础条件来看,地理环境和人口分布的差异非常明显,中西部地区很多地方都存在地形特殊、地广人稀的特点。因此,能源基础设施建设成本高、难度大,管理起来也较为困难。经济发展水平的差异也是主因。东部地区经济繁荣,资金充足,能够投入大量资金用于能源基础设施建设。产业结构的不同也有影响,东部地区以高能耗的制造业和服务业为主,对能源基础设施的需求更为迫切。

这种不平衡现象带来了一系列影响。对于发达地区而言,完善的能源基础设施能够为社会经济发展提供坚实支撑,但同时也出现了一定程度的能源过度消耗和生态环境污染问题。对于欠发达地区而言,能源基础设施建设方面的滞后性会拖累当地经济的发展,同时也影响居民生活质量的提升。

四、能源政策和市场机制的不完善

能源政策和市场机制在调节能源供需方面发挥着重要作用。然而,当前中国的能源政策和市场机制还存在一些不完善之处,导致能源供需的区域性矛盾难以得到有效解决。

在能源政策方面,一些地方政府一味追求 GDP 的增长,对能源资源开发和消耗问题不够重视。与此同时,在不同地区,能源政策执行力度有所不同,执行效果也缺乏准确的评估,给能源供需平衡带来了负面影响。

在能源市场机制方面,中国的能源市场还不够完善,价格机制的发现功能有所不足。这不仅影响了能源经济的平稳运行,也在一定程度上降低了能源资源跨主体、跨区域的配置效率。此外,能源市场的区域分割和垄断现象依然不容忽视。

第二节 能源转型过程中存在技术短板

能源转型对中国实现可持续发展和应对全球气候变化具有至关重要的意义。在这一进程中,中国尽管已经取得了显著的成就,但仍然面临着一些技术短板。

在可再生能源领域,太阳能和风能的高效转化和存储技术仍有待提高。尽管太阳能电池的效率在不断提升,但尚未达到理论极限效果。同时,新型太阳能电池材料和结构的研发仍面临诸多挑战,在能量转换效率、稳定性、性价比方面都有所不足。在风能发电方面,大型风电机组的关键零部件制造技术比之能源强国仍存在较大差距。

能源存储技术是能源转型中的关键环节。目前,电池存储技术在能量密度、充电速度、循环次数和综合成本等方面有待改进。锂离子电池虽然已经在整个社会范围内得到了普及推广,但在大规模储能场景中仍然凸显出成本较高的弊端。此外,钠离子电池、液流电池等新型电池还处于研发和产业化的初期阶段,性能和成本等方面的问题均未得到妥善解决。

在氢能技术方面,氢气的制取、储存和运输环节都存在技术难题。电解水制氢等绿色制氢技术在效率和成本方面都有一定的改进空间。氢气的储存和运输也面临着安全性和成本的双重挑战,高压气态储氢和低温液态储氢技术都基本停留在实验室阶段。如果相关技术不能获得突破,氢能的大规模商业化应用就难以落地。

在能源互联网和智能电网技术领域,分布式能源的高效集成和管理技术还不够成熟。为了应对复杂多变的能源供需环境,有必要切实提高智能电网中电力电子设备和控制技术的稳定性及可靠性。

能源转化效率也是一个不可忽视的技术短板。例如,在煤炭清洁利用方面,先进的煤制气、煤制油等技术的能源转化效率仍有提升空间,污染物排放问题也需要得到妥善解决。

此外,能源领域的核心材料和关键装备制造技术也存在一定程度的进口依赖。例如,高性能磁性材料、半导体材料的自主研发和生产仍存在薄弱环节。

要克服这些技术短板,需要完善政策支持体系,加大研发投入,推动产学研合作,加强知识产权保护,培养高端技术人才。同时,积极开展能源技术创新的国际合作,斥资引进和吸收先进技术,促进技术创新与成果转化。

总之,虽然我们在能源转型过程中取得了一系列成绩,但仍须持续努力攻克技术短板,以实现能源结构的优化和可持续发展目标。

第三节 能源转型成本高企

在全球追求可持续发展和应对气候变化的大背景下,世界各国纷纷推进能源转型进程,可再生能源、清洁能源的影响力越来越大。但必须注意的是,这一转型进程并非一帆风顺。要实现能源的顺利转型,不仅要加强新能源方面的技术投入和市场开发投入,还需要对传统(能源)产业进行升级改造,这就必然要付出相当的成本。

能源转型成本高首先体现在技术研发和应用方面。为了实现从传统的化石能源向可再生能源的转变,需要大量的资金投入到新能源技术的研发中,如太阳能光伏、风能发电、储能技术等。虽然这些技术有着十分广阔的发展前景,但前期高昂的研发成本带来沉重压力也是一个不争的事实。而且,技术的大规模应用和经济效益、社会效益的达成都需要经过长时间的试验和改进,这会大大提升能源转型的社会总成本。

基础设施建设也是能源转型成本的重要组成部分。大规模发展可再生能源、清洁能源就需要建设与之相配套的电网、电力网络和储能设施。例如,分布式太阳能和风能发电需要更加智能和灵活的电网来进行电力的传输和分配,这就离不开巨额投资。此外,储能设施的建设成本同样不容忽视。对于落后国家、落后地区而言,基础设施建设成本会给可再生能源、清洁能源的大规模存储和利用造成现实制约。

原材料供应的问题也增加了能源转型成本。随着新能源产业的迅速发展,一些关键原材料的需求急剧增加,如锂、钴、镍等用于电池制造的金属。这些金属的储量较为有限且分布不均,市场供应的稳定性有所不足,价格波动时有发生,给新能源设备的生产成本带来了巨大压力。

能源转型成本高企还带来了经济和社会层面的压力。对于企业而言,采用新能源技术和设备意味着短期内需要承担较高的成本,这可能拖累企业的财务表现。对于消费者而言,新能源产品和服务的价格相对较高,可能增加生活成本,这就会在一定程度上影响新能源的市场接受程度。

当然,面对能源转型成本带来的挑战,我们仍然要坚定能源转型的信心。原因在于,能源转型同样意味着前所未有的发展机遇。前期的投入会带来能源产业的技术创新和模式优化,这最终会反映在能源利用效率的提升上。随着技术的日益成熟和大规模普及,新能源的整体使用成本会被控制在可接受的范围内,其市场竞争力也终将会被企业和消费者所认可。能源转型成本高企也为投资者提供了新的投资机会。从长远来看,新能源领域具有巨大的发展潜力,吸引了大量资金的涌入,促进了产业的快速发展。此外,能源转型带来的环境和社会效益是无法用金钱衡量的。减少对化石能源的依赖有助于减少温室气体排放,减轻环境污染,改善公众健康,为子孙后代创造更美好的生存环境。

综上所述,能源转型成本高企是当前能源转型过程中面临的一个现实问题,但这并不应该成为阻碍能源转型的绊脚石。通过技术创新、政策支持、市场机制的完善和全社会的共同努力,我们有信心逐步降低能源转型成本,实现能源的可持续发展,为人类的未来创造一个更加清洁、低碳的能源经济体系(张平,2022)。

第四节 能源安全风险呈现多样化特点

能源安全风险是指在能源供应、生产、传输和消费过程中可能出现的潜在因素与不确定性。从能源全球治理的经验来看，能源安全风险对能源的稳定供应和可持续利用会带来负面影响。在当今全球能源格局中，能源安全风险呈现出多样化的显著特点，给各国的能源稳定供应和经济社会发展带来了严峻挑战。

首先，能源资源的有限性和分布不均是能源安全的基础性风险。从地质勘探的角度来看，煤炭、石油和天然气这些传统化石能源在全球的分布极不均衡。例如，弹丸之地的中东有着丰富的石油储量。相比之下，地大物博的中国在石油储量方面总显得十分欠缺，对进口的依赖程度非常高。能源资源的有限性和分布不均在一定程度上导致并加剧了能源供应的地缘政治风险。对于能源进口国而言，国际关系的变化、贸易争端或地区冲突都可能导致能源供应的中断。同时，自然灾害，如飓风、地震等也可能破坏能源输送管道，这就会在短期内造成能源供应量的下降。类似地，恐怖袭击、网络攻击也可能给能源基础设施造成破坏，进而影响全球能源网络的正常运行。

能源市场的波动是另一种常见的风险形式。国际能源价格受全球经济形势、地缘政治局势、市场供需关系等多种因素的影响，波动频繁且幅度较大。对于能源进口国而言，国际市场上能源价格的上涨会增加国民经济的运行成本，不仅企业利润空间被压缩，居民生活水平也会受到波及。如果国际市场上能源价格上涨的持续时间较长，甚至可能造成通货膨胀并冲击宏观经济的平稳运行。国际市场上能源价格下跌同样会带来负面影响，这表现在能源生产企业的经营压力上。由于对未来发展的预期降低，这些企业可能减少能源项目的投资，这可能在一定程度上影响国家未来的整体能源供应能力。

能源技术发展的不确定性同样意味着能源安全风险。尽管新能源技术，如太阳能、风能、核能等不断取得突破，但在技术成熟度、成本效益、大规模应用等方面仍存在诸多问题。如果新能源技术发展不及预期，无法及时填补传统能源减少留下的供应缺口，将对能源安全产生不利影响。

环境法规的日益严格也给能源行业带来了风险。为应对气候变化和环境污染，各国纷纷加强环境监管，对能源生产和消费提出了更高的环保要求。对于企业而言，严格的环境保护标准意味着需要投入一定的资金来对设备、技术、工艺进行升级改造。从财务管理的角度来看，这会增加企业的成本并带来投资风险。

再次，能源政策的变化也会带来风险。政府的能源政策在能源开发、利用、消费等方面发挥着重要的引导作用。政策的频繁变动、不合理的规划或者政策执行的不到位，都可能导致能源市场的混乱，进而影响能源供应和能源投资的稳定性。

最后，能源消费模式的不合理也会引发能源安全风险。过度依赖高耗能产业的地区不仅面临着能源浪费的压力，能源供需矛盾也难以得到妥善解决。这也会放大能源系统的脆弱性。

能源安全风险的多样化特点要求我们从多个角度进行全面的风险评估和管理，制定综合性的能源战略和政策，推动能源技术创新，优化能源消费结构，加强能源国际合作，以保障能源的稳定供应和可持续利用。

第十章　能源经济体系建设的对策

　　能源经济体系建设是一个复杂的系统工程，需要从多方面进行整体上的制度安排，以确保能源资源的稳定可持续供应、高效利用和生态环境友好。以下是一些关键的制度安排建议。①能源战略规划制度。以新质生产力为理念指引，根据国家社会经济发展需要和居民生活需求，面向未来制定长远的能源发展战略，明确这方面的目标、实施路径和重点领域。在能源战略规划方面，要充分考虑能源供需结构的多元化，追求实现传统能源和新能源的平衡发展、进口和自主供给的均衡配套。②能源法律法规体系。完善能源相关法律法规，涵盖能源开发利用、能源市场监管、能源效率与节约、环境保护、能源安全等多个方面，确保能源市场竞争秩序的公正和消费者权益的有效保护。③能源市场准入和退出机制。设定合理的市场准入门槛，鼓励多元化主体进入能源市场，全方位激发市场活力。建立有效的市场退出机制，确保资源的合理配置和市场的健康发展。④能源价格形成机制。建立市场化的能源价格形成机制，反映能源的供需关系和环境成本。考虑能源价格的稳定性和可预测性，减少市场波动对经济和社会的影响。⑤能源科技创新体系。加强能源科技研发，推动能源技术的创新进步。打造产学研合作机制，积极促进能源科技创新成果的市场转化和大规模普及。⑥能源安全保障体系。建立多元化的能源供应结构和战略储备体系，提高能源供应的稳定性和抗风险能力。⑦能源环境保护制度。加强能源生产和使用过程中的环境保护，减少污染物排放量，控制能源经济活动对生态环境的负面影响。积极推动清洁能源技术、节能技术和低碳环保技术的发展，推动能源结构的绿色低碳转型。⑧能源国际合作机制。以政策协调、能源贸易和技术交流为抓手，加强与其他国家在能源领域的合作。主动参与国际能源治理，提高中国在全球能源治理格局中的地位，协同其他国家解决能源转型、生态环境保护、气候变动等方面的问题。⑨能源教育和人才培养制度。加强能源领域的教育和培训，提高公众的能源意识和节能能力。打造国际一流的能源专业人才培训体系，为能源经济的发展提供深厚的人力资本支撑。⑩能源监管和评估体系。从制度和方法两个方面入手，定期对能源政策的执行效果进行评估。在分析相关问题的基础上，及时对能源经济体系进行调整优化。⑪能源政策协调机制。建立跨部门的政策协调机制，确保能源政策与其他经济政策密切配合、同步运行。加强地方政府及相关职能部门在能源政策实施中的协调和配合，为能源经济的发展提供良好的政策环境与营商环境。⑫能源风险管理与应急响应制度。建立能源风险评估和预警机制,及时识别和应对能源领域的风险。制定能源应急管理预案,切实提高应对突发事件的管理能力。

通过上述制度安排,可以为能源经济体系建设提供全面的支持,促进能源的可持续、高效和安全利用,推动经济的高质量发展。本章将进行一些较为具体的阐述。

第一节 建立规范统一的能源大市场

目前,中国能源发展面临着复杂多变的国际能源安全和供需环境,也担负着加快推进现代能源经济体系建设和落实新质生产力理念的重任。要实现"十四五"时期的能源发展目标,市场化改革是必由之路。从这个意义上来看,建设全国统一的能源市场势在必行。

一、建设规范统一的能源大市场是能源绿色低碳转型的内在要求

在新质生产力理念下,能源绿色低碳转型有着重要意义。在新的发展形势下,从传统高耗能、高污染模式向清洁、低碳、高效能源利用方式的转变符合国际潮流。在这一转型过程中,规范统一的能源大市场将提供支撑和保障。

在政策引导方面,规范的能源市场有利于国家能源政策的扎实执行和高效监管。在市场力量的辅助下,政府发挥自身在政策引导、金融支持、税收优惠、部门协调、信息服务等方面的优势,引导各类能源企业向能源绿色低碳转型的目标发展。

从能源资源配置的角度来看,统一规范的市场可以在一定程度上消除能源储量分布不平衡、产业经济发展不平衡等弊端,推动能源资源实现跨区域、跨时间的优化配置。在市场力量的推动下,能源资源可以向最需要的地方、最能高效利用的领域自主流动,这将大大提高能源资源的开发利用效率,也将在相当程度上减少能源资源的浪费。

从技术创新的角度来看,规范统一的能源大市场能够形成有效的竞争机制。要在激烈的能源市场竞争中占据一席之地并拥有一定优势,所有市场参与者都将争先恐后地加大能源新技术方面的研发投入,这将有力地、高效地推动能源技术实现突破创新。这对新能源技术的发展、降低成本、提高其市场竞争力都会产生强劲动力。

从产业发展的角度来看,统一的市场能够在能源领域实现"全国一盘棋",促进各地区、各领域能源产业链的集群发展和协同发展。如此一来,能源经济体系的各个环节能够形成有机衔接和动态配合,最终演变为完整、系统、高效、高附加值的能源产业生态。

从市场参与者的角度来看,统一规范的市场意味着公平竞争的环境,这将大大增强企业进行能源低碳转型的积极性和主动性。同时,统一规范的市场也为消费者提供更多的能源供应选择,这将充分有效地满足他们对清洁高效能源的需求。

从整体上来看,转型后的中国能源体系将具有三个方面的特点。一是一次能源结构新。

主体能源逐步实现从传统化石能源到可再生能源、清洁能源的更替,可再生能源、清洁能源占能源消费总量的比重将从目前的17.5%提高到2060年(碳中和)时的80%以上。与此同时,可再生能源、清洁能源的增量组合形式将以多种可能的方式呈现。二是能源系统形态新。未来的能源供应系统将由绿色电力系统、以氢能为主的新型能源系统及传统化石能源绿色零碳利用系统构成。三是产业体系新。新质生产力理念下的新型能源体系围绕新技术、新产业、新模式而展开,低碳零碳负碳技术装备大规模推广应用,新能源产业等战略性新兴产业成为新的增长引擎,新一代信息技术、人工智能等与能源系统深度融合,数字能源产业发展壮大,能源供给消费新业态新模式广泛形成。

综上所述,建设规范统一的能源大市场是能源低碳转型的必然选择和内在要求。唯其如此,才能建立起能源经济体系并实现能源资源的可持续发展,为经济社会的高质量发展和新质生产力在能源领域的落实提供坚实的基础。

二、建设规范统一的能源大市场需要重点解决的几个问题

推进能源市场化改革,建设规范统一的能源大市场,需要着力解决好以下三个关键问题。

一是能源市场的结构问题。长期以来,中国能源市场存在着市场准入过于严格、市场竞争不够充分的问题。从根本上来看,这属于市场结构不合理的问题。在能源经济体系建设过程中,自然垄断业务和竞争性业务主要由央企、国企控制,混业经营、一体化经营的现象普遍存在。在这种特殊的能源市场结构中,公平竞争没有充分展开,民营企业、民营资本在能源市场中的参与度还有待提升。尤其是在能源产业链的上游环节,行政性垄断和地区性垄断较为常见,影响了公平的市场准入,也就对能源资源的优化配置造成了不必要的制约。

二是市场体系和价格形成机制问题。供求是市场经济的两个重要方面,建设规范统一的能源大市场也正是为了在能源供需方面实现精确匹配,这就离不开明晰的价格发现机制。在新质生产力理念下,能源产品和服务的市场价格的形成机制也应当予以革新,使能源产品服务的价格能够真实反映生产成本、生态环境成本和污染物排放处置成本。在能源经济体系建设实践过程中,应当突出市场化导向,形成全国统一的市场化价格。例如,煤炭、石油和天然气的价格要体现环境治理成本的内化。具体来说,这种内化可以通过碳交易价格、变相碳税等方式来实现。

三是进一步理顺政府和市场的关系问题。由于特殊的国情社情,政府与市场的关系一直较为复杂。要想建立规范统一的能源大市场并与国际能源市场接轨,政府和市场的关系就必须理顺。只有这样,才能真正发挥市场在资源配置中的关键作用。首先,要明确政府和市场各自的角色与定位。具体而言,政府应发挥宏观调控和监管的作用,通过制定能源发展战略、政策法规和具体规划,为能源市场提供制度框架与政策环境。市场则应调节生产、分

配、交换和消费等方面的能源交易活动,通过释放清晰的价格信号来让社会各界对能源供求关系和稀缺程度有准确的认识,从而引导能源企业、其他能源机构及消费者做出理性决策。其次,要建立有效的协调机制。政府和市场要相互配合、协同发力。政府在制定政策时,应充分考虑市场的实际情况和反应。同时,市场主体要严格遵循能源政策及能源法律法规,同时也应当履行对政府管理部门进行信息披露的义务。

三、推进全国规范统一能源市场建设的重点任务

2022年3月发布的《中共中央 国务院关于加快建设规范统一大市场的意见》提出要打造统一的包括能源在内的要素和资源市场。在这一文件精神的指引下,应当以保障能源安全为基础,以新质生产力理念为指引,结合碳达峰碳中和目标任务,有序推进全国规范统一能源市场的建设。①在统筹规划、优化布局的基础上,健全油气现货和油气产品体系,推进区域性油气交易中心建设,优化交易场所、交割库等重点基础设施布局。推动油气管网设施互联互通。让各类市场主体公平地参与到油气市场竞争中来。②持续推进天然气市场化改革进程,加快建立规范统一而又兼顾地方消费特点的天然气能量计量计价体系。③健全多层次统一电力市场体系,让传统发电模式和新能源发电模式实现有机配合。④进一步发挥全国煤炭交易中心作用,推动完善规范统一的煤炭交易市场。总之,建设规范统一的能源大市场,就是要围绕能源经济体系建设,进一步健全油气期货交易体系、多层次统一电力市场体系,完善规范统一的煤炭交易市场。

从本质上来看,煤炭、石油、天然气产品虽然属于高碳化石能源。但是,考虑到全球能源供需的整体形势及能源绿色低碳转型的速度,煤炭、石油、天然气产品在保障国家能源安全、满足生产生活需要、促进经济社会持续健康发展等方面的地位仍然是无可替代的。近年来,中国按照"放开两头,管住中间"的方针推进油气改革,油气的能源商品属性也得到了充分体现。从这个意义上来看,油气市场交易体系的建设在短期内仍是非常重要的。这不仅有利于提升煤炭、石油、天然气产品的持续保障能力,也有利于提高对能源安全风险的防范能力。在这一过程中,要充分释放油气行业竞争性环节市场活力及中大型油气企业的竞争活力。总之,要以市场化手段解决大规模关联交易、内部交叉补贴严重、经营管理成本高企等影响油气行业高质量发展的难题。

健全多层次统一电力市场体系是实现电力资源优化配置、提高电力系统效率、促进电力行业可持续发展的重要途径。①明确市场定位与功能。电力市场体系应明确不同层次市场的定位和功能。批发市场主要负责电力的大宗交易,零售市场则面向社会成员提供个性化用电服务。此外,在电力市场体系建设过程中,辅助服务市场和需求响应市场也不容忽视。②制定统一的市场规则。以交易规则、结算规则、信息披露规则等为抓手,打造统一的电力市场规则,为多层次电力市场体系运行奠定坚实的基础。只有制定统一的市场规则,才能确

保电力市场体系的公平性、透明性。③加强市场监管。政府和监管机构应加强对电力市场的监管,确保有关管理政策和市场规则能够得到有效执行。对操纵市场和其他不正当竞争行为,要坚决予以打击。④促进市场开放与竞争。打破体制和地区壁垒,促进电力资源在整个社会范围内的高效流动。通过引入竞争机制,提高电力行业的运行效率,降低市场参与者的交易成本。⑤发展多元化市场主体。鼓励发电企业、电网企业、售电公司、大用户等各类市场主体参与市场交易,形成传统电力与新型电力相互支撑的市场结构,提高社会主义特色电力市场的活力和韧性。⑥推动电力市场化改革。以电价市场化、电力交易市场化、电力服务市场化等为目标,有效激发市场活力,推动电力资源实现动态高效配置。⑦加强电力基础设施建设。在电网建设、智能电网技术应用、储能设施建设等方面加大资金投入和技术创新,有效提高互联互通能力和调峰调节能力。⑧发展绿色电力市场。推动可再生能源电力的市场化交易,通过绿色证书交易、碳交易等机制,鼓励清洁能源的发展,丰富电力市场结构。⑨强化市场风险管理。对价格波动风险、供应安全风险进行准确识别、合理预警和科学应对。从方法、手段的角度来看,市场机制和政策工具可以起到强化电力市场风险管理的作用。通过上述措施,可以逐步健全多层次且统一的电力市场体系,实现电力资源的高效配置,推动电力行业的健康、可持续发展。这不仅有利于保障国家能源安全,也有助于实现经济社会的绿色转型。

  健全规范统一的煤炭交易市场对保障能源供应、促进行业健康发展具有重要意义。①制定统一的市场规则。围绕交易方式、交易时间、交易价格、质量标准、交割方式等要素,由政府牵头,大型煤炭企业深度参与,建立统一、公开透明、易于理解和遵守的煤炭交易市场规则,以降低交易成本和交易风险。②完善市场监管体系。政府和监管机构应以市场准入、竞争秩序、交易行为、价格形成机制等为切入点加强对煤炭市场的监管,确保有关政策和市场规则得到有效执行。对操纵市场和其他不正当竞争行为,要坚决予以打击。③促进市场开放与竞争。打破体制和地区壁垒,促进煤炭资源在更大范围内流动。鼓励煤炭生产企业、贸易商、终端用户等市场主体参与到煤炭交易活动中来,打造多元化的市场交易主体体系。引入竞争机制,创造鲶鱼效应,提高煤炭行业的交易效率。④加强基础设施建设。建设高效的煤炭运输网络和现代化的仓储设施,提高煤炭的流通效率和安全性。⑤发展现代交易方式。利用信息技术,发展电子交易平台,发展期货交易、现货交易、长期合同交易、集中竞价交易、掉期交易等多种现代交易模式。其中,电子交易平台可以提供实时的煤炭价格信息、供需信息等,这将给市场参与者的决策带来很大帮助。⑥推动市场化改革。以电煤价格市场化、煤炭交易市场化、煤炭服务市场化等为导向,推动煤炭市场化改革,切实提高资源配置效率。⑦加强国际合作与交流。在全球能源市场一体化的背景下,加强与其他国家在煤炭市场建设、技术交流、规则制定等方面的合作,提升我国煤炭市场的国际竞争力。⑧强化风险管理。建立健全市场风险管理体系,对于价格波动风险、供应安全风险等,通过市场机制和政策工具进行有效管理,保障市场的稳定运行。⑨促进绿色发展。在煤炭市场发展中,注重环境保护和可持续发展,推广清洁煤炭技术,减少煤炭开采和使用过程中的环境污染,提高煤炭资源的利用效率。通过上述措施,可以逐步健全规范统一的煤炭交易市场,实现煤炭资源的高效配置,推动煤炭行业的健康、可持续发展。这不仅有利于保障国家能源安全,也有助于实现经济社会的绿色转型。

第二节 推动能源科技研发攻关

能源科技的研发攻关对解决全球能源问题、保障能源安全、促进经济可持续发展和应对气候变化等都十分重要。以下是关于推动能源科技研发攻关的框架性建议。

一是加大资金投入。

国内国际能源科技发展的经验表明,资金是研发攻关的重要支撑要素。没有资金投入,能源科技创新是很难实现的。在能源经济体系建设过程中,政府应当通过财政拨款、税收优惠、设立专项资金等方式给能源前沿领域关键技术的研发提供资金支持。同时,能源企业也应当积极吸引社会资本和风险投资,打造多元化的科研资金来源渠道,为能源科技创新奠定资本基础。

二是加强人才培养与引进。

归根到底,能源科技创新要靠专业人才实现。因此,加强人才培养与引进十分关键。一方面,加强高等院校和科研机构能源学科建设,积极对标国际一流高校进行课程体系安排,为能源经济体系建设培养一批理论功底深厚、动手能力突出的优秀人才。另一方面,从全球范围内引进顶尖人才和科研团队,开展跨国能源合作研究及学术交流。在能源专业人才培养和引进的过程中,要为他们提供舒适的工作环境和广阔的发展空间。此外,要设计定向激励机制,从物质和精神两个层面入手来调动他们的积极性和创造性。

三是促进产学研合作。

通过前文分析可以发现,能源科技与能源经济之间存在着密切关系。从这个意义上来看,在能源科技攻关过程中需要积极整合各方资源,通过产学研合作加快科研成果、技术、专利向市场的转化。对于政府而言,应当有意识地通过资源统筹搭建产学研合作平台,为企业、高校和科研机构提供广阔的合作空间。对于企业而言,要根据业务发展需求和商业应用场景加强与外界的科研合作。对于高校和科研机构而言,要发挥自身优势提供创新思路和技术支持,共同开展能源科研项目研发。通过在企业、高校和科研机构之间建立利益共享和风险共担机制,加强产学研合作的可持续性和有效性。此外,要注重加强能源科技领域的知识产权保护,保障各方在合作中的合法权益。

四是明确研发重点和方向。

历次工业革命、科技革命的经验表明,发展方向对于生产力而言十分关键。在能源科技研发攻关过程中,要面对能源经济体系建设的内在要求,广泛吸取能源强国、国际先进能源科技研究机构的经验教训,明确能源科技研发的重点和方向。例如,对可再生能源的高效转化和存储技术、能源互联网技术、核能安全与先进核能技术、能源清洁利用技术、能源存储与氢能技术等要予以重点关注。在条件允许的情况下,结合国家有关政策规划制定能源科技发展规划和路线图,为研发攻关提供明确的指导。

五是加强国际合作与交流。

能源科技研发是全球性的课题,加强这方面的国际合作与交流非常有必要。对于企业、高校和科研机构而言,要有意识地主动参与到国际能源科技合作项目中去,汇集全球智慧共同开展能源科技研发。在吸收国外先进能源科技成果经验的同时,也要注重输出中国的优势能源技术和能源解决方案,此外,要加强与国际能源组织和科研机构的联系,及时了解国际能源科技前沿动态,促进能源科技研发攻关与国际接轨。

六是完善政策支持体系。

为了推动能源经济体系建设,中国政府出台了一系列支持能源科技研发攻关的政策措施,具体包括税收优惠、贷款担保、政府采购等,这大大降低了研发的成本和风险。针对能源科技攻关,政府还应当组织高校和科研机构共同建立能源科技成果评价和奖励机制。对取得重大突破的科研成果和团队,要多策并举地进行表彰和奖励。

七是优化科研管理体制。

改革和优化能源科技研发的管理体制,提高研发效率。简化科研项目审批流程,减少行政干预,给予科研人员更大的自主权。建立科学合理的科研项目评价体系,注重成果的创新性和实际应用价值。加强科研项目的过程管理和监督,确保资金使用合规和项目按计划推进。

八是加强基础研究。

没有基础研究,能源科技研发攻关就将成为无源之水、无本之木。因此,有必要加大对能源基础研究的投入,支持广大能源科研人员开展探索性、前瞻性的基础研究。例如,在能源材料的物理化学性质、能源转化的微观机制等方面,未解决的难题要组织精干科研力量进行重点突破。

九是推动技术创新和示范应用。

建立能源科技示范项目,树立一批能源科技创新典型人物、领军人才,让他们的创新思维和科研方法得到更大范围的推广。在新技术、新成果出现后,要进行理论验证、示范应用和商业推广。对这方面的经验教训,要及时总结归纳,进而持续迭代优化。

十是加强科普宣传。

加强能源科技知识的科普宣传,营造积极向上的社会氛围。切实提高公众对能源科技的认知和理解,增强他们对能源科技研发攻关的支持和关注。例如,通过能源知识科普活动,激发青少年对能源科技的兴趣,提前储备能源科技人才。

十一是建立能源科技研发共享平台。

以实验设备共享、数据共享和技术共享为载体,搭建能源科技研发的共享平台。推动能源科技研发的国内交流,共同攻克能源科技难题,避免重复建设和资源浪费,充分提高研发资源的利用效率。

十二是加强跨学科融合。

能源科技研发涉及能源、材料、化学、物理、信息技术等多个学科领域,跨学科融合有助于打破传统科研模式的局限并产生创新性的解决方案。因此,应面向高校和科研机构鼓励能源相关学科的交叉研究,培养跨学科的综合性科研人才。组织跨学科的研究团队,开展综合性的能源科技研发项目。

在新一轮科技革命和产业革命的浪潮中,推动能源科技研发攻关需要政府、企业、高校、科研机构和社会各方的共同努力。有必要在加大资金投入、加强人才培养、促进产学研合作、明确研发重点、加强国际合作、完善政策支持体系、优化管理体制、加强基础研究、推动创新应用、加强科普宣传、建立共享平台和加强跨学科融合等方面多措并举,积极落实新质生产力理念,持续提升中国能源科技研发水平,为实现能源的可持续发展和能源安全提供恰当的科技支撑。

第三节　加强能源安全风险管控

加强能源安全风险管控是确保国家能源供应稳定、经济持续健康发展的重要措施。以下是对如何加强能源安全风险管控的框架性阐述。

加强能源安全法律法规的制定和完善,为能源安全风险管控提供法律保障。明确能源安全风险管控的责任主体,规范风险防控的行为准则。加强法律法规的宣传和执行,提高全社会的法治意识和风险防控能力。

完善能源供应多元化策略。从根本上来说,中国能源安全的风险来自供应端。也就是说,如果不能改变能源进口依赖程度过高的局面,能源安全就很难有保障。因此,应当完善能源供应多元化策略,减少对单一能源或单一供应渠道的依赖,提高能源供应的稳定性、安全性与可靠性。一方面,在坚持煤炭、石油、天然气高效勘探利用的基础上大力发展可再生能源、清洁能源。另一方面,开辟新的能源进口渠道,加大在全球能源治理格局中的地位,利用话语权、定价权减小能源分布不均和地缘政治风险的影响。

加强能源储备体系建设。建立和完善国家、地方和企业三级能源储备体系。在煤炭、石油、天然气方面,要从战略高度出发进行能源储备。对标能源强国管理经验,制定科学合理的储备规模和储备周期。确保在全球能源市场出现剧烈波动时能够迅速调用储备资源。

加强能源基础设施的安全防护,提高抵御自然灾害、事故、恐怖袭击等的能力。一方面,加强对电网、油气管道管网、核电站等关键能源设施的物理防护和网络防护。另一方面,建立安全监控和预警系统,及时发现和处置能源基础设施方面的安全隐患。

建立能源应急响应机制。对标能源强国管理经验,制定和完善能源应急预案,建立快速反应的能源应急响应机制。例如,建立能源应急指挥体系,明确各级政府和相关部门的职责。确保在应急状态下可以快速实现能源物资的敏捷调配,在一定程度上保障能源供应的稳定性。再如,协调精干力量,组建专业化的能源应急救援队伍,全方位提高应急处置能力。

建立能源安全风险评估机制。建立科学的能源安全风险评估机制,定期对国内外能源市场、能源供应渠道、能源基础设施等进行风险评估。通过定量和定性分析,识别潜在的风险点,评估风险等级,制定相应的风险防控措施。

建立能源安全风险信息共享机制。建立能源安全风险信息共享机制,加强各地区、各部门、各企业之间的信息交流和共享。通过信息共享,及时发现和预警能源安全风险,提高风险应对的协同性和有效性。

总之,加强能源安全风险管控需要从多个层面入手,多措并举,有效提高能源安全风险的防控能力,切实保障国家能源供应的稳定和安全。

第四节　开辟绿色清洁能源发展特色道路

新质生产力与绿色清洁能源之间存在紧密的逻辑关联。新质生产力强调创新驱动、高效能和可持续性,绿色清洁能源正符合这一特征。绿色清洁能源,如太阳能、风能、水能等,其开发和利用依托先进技术,这本身就是新质生产力理念的体现。新质生产力的发展为绿色清洁能源提供了技术支持和创新动力,推动其成本降低、效率提高、规模扩大。同时,绿色清洁能源的广泛应用有助于减少传统能源带来的环境污染和资源消耗,促进经济的可持续发展,这也是新质生产力追求的目标。总之,绿色清洁能源是新质生产力的重要组成部分,新质生产力推动绿色清洁能源发展,而绿色清洁能源的发展又进一步彰显新质生产力的优势和价值,二者相互促进,共同推动经济社会的高质量发展(黄宏俊等,2023)。

发展绿色清洁能源特色道路需要政府、企业、科研机构、社会组织和公众的共同努力。通过加强政策支持、推动技术创新、优化能源结构、加强市场机制建设和提高公众意识等多方面的努力,推动绿色清洁能源事业实现快速、健康发展,为经济社会的可持续发展提供新型能源保障。

以下是关于发展绿色清洁能源特色道路的框架性阐述,分为五个部分。

加强政策支持与引导。政策在推动绿色清洁能源发展中起着关键作用。政府应制定并完善一系列鼓励绿色清洁能源发展的政策,包括财政政策、税收政策、价格政策和产业政策等。在财政政策方面,设立专项基金,加大对绿色清洁能源研发、生产和应用的投入。对前景广阔、影响力较大的绿色清洁能源项目,可以提供定向财政补贴,帮助企业消化初始投资成本,提振项目建设发展的信心。在税收政策方面,以企业所得税、增值税、个人所得税为切入点,为绿色清洁能源企业提供税收优惠。对那些高污染、高能耗的传统制造企业,可以适当增加税收,督促其向绿色低能耗生产的方向进行转型。在价格政策方面,制定合理的上网电价和销售电价机制,确保绿色清洁能源能够获得合理的收益。同时,通过价格杠杆引导消费者更多地使用清洁能源。在产业政策方面,明确绿色清洁能源产业的发展规划和重点领域,引导社会资本投向清洁能源项目。加强对绿色清洁能源产业的监管,规范市场秩序,防止无序竞争和低水平重复建设。

推动技术创新与进步。技术创新是绿色清洁能源发展的核心动力。加大对绿色清洁能源技术研发的投入,建立国家级的研发中心和实验室,集中优势力量攻克关键技术难题。在太阳能领域,不断提高光伏电池的转换效率,降低生产成本,研发更高效的太阳能热利用技术。在风能方面,致力于提高风机的发电效率和可靠性,发展海上风力发电技术。在水能领域,加强对水电资源的合理开发和利用,优化水电站的设计和运行管理。同时,积极探索潮汐能、波浪能等新型水能利用技术。在生物质能方面,结合国内生物质能资源分布特点,以利用效率和经济性等为切入点,有针对性地开展高效生物质转化技术的研究。在氢能领域,围绕氢能制取、储存和运输技术展开研发攻关,争取早日实现氢能应用成本上的重大突破,为大规模的氢能商用奠定技术基础。此外,加强产学研合作,促进绿色清洁能源科研成果的转化应用。鼓励企业与高校、科研机构建立联合研发机制,共同推动绿色清洁能源技术达到国际一流水平。

优化能源结构与布局。正如前文分析的那样,能源结构的优化是发展绿色清洁能源特色道路的重要方面。也就是说,围绕碳达峰碳中和目标,逐步降低传统化石能源在能源供应和能源消费中的比重,着力提升绿色清洁能源的重要性。根据各地的资源禀赋和能源需求,合理布局绿色清洁能源项目。在太阳能资源丰富的地区,大力发展太阳能发电;在风能资源优越的地区,建设大型风电场。同时,加强能源互联网建设,实现不同能源形式之间的智能调配和互补。将绿色清洁能源与传统能源有机结合,提高能源系统的整体效率和稳定性。促进分布式能源发展,鼓励在用户侧建设小型太阳能、风能和生物质能发电设施,实现能源的就近供应和消纳。此外,加强能源存储技术的研发和应用,解决绿色清洁能源的间歇性和不稳定性问题,提高能源供应的可靠性。

加强市场机制建设。充分发挥市场在资源配置中的决定性作用,打造绿色清洁能源市场机制。完善绿色清洁能源的电力交易市场,打破不同地区之间的市场壁垒,实现全国范围内的电力自由交易。建立公平、透明的市场竞争环境,鼓励各类市场主体参与到绿色清洁能源的开发利用过程中来。引入绿色证书交易制度,对绿色清洁能源的生产和消费进行量化认证,通过市场交易机制激励企业和用户更多地使用清洁能源。建立健全碳排放权交易市场,对碳排放进行定价和交易,促使企业减少碳排放,增加对绿色清洁能源的需求。同时,加强金融创新,拓宽金融服务渠道,针对绿色清洁能源项目开发专项绿色金融产品。

提高公众意识与社会参与。提高公众对绿色清洁能源的认识和理解,增强全社会的环保意识和能源节约意识。通过媒体、教育、宣传活动等多种途径,普及绿色清洁能源知识。引导公众形成绿色能源消费观念,主动、有意识地购买清洁能源产品和相关服务。建立公众参与机制,听取社会各界的意见和建议,鼓励社会组织和公众积极参与到绿色清洁能源事业的发展过程中来。推动绿色清洁能源项目的科学决策和合理布局,开展绿色能源示范项目和社区建设,让公众亲身感受绿色清洁能源带来的好处,形成良好的示范效应。加强国际合作与交流,学习借鉴国际先进的绿色清洁能源发展经验和技术,加快中国绿色清洁能源事业的发展进程。同时,相关主体要积极参与国际绿色能源合作项目,通过经验教训的吸取,间接推动国内绿色清洁能源事业的发展。

主要参考文献

常飞,汪源远,沈忱,等,2023.我国能源企业政策研究体系研究[J].智库理论与实践,8(1):62-70.

陈佳恬,权麟春,2024.唯物史观视域下新质生产力的学理研究[J].现代交际(7):1-8,121.

陈绍辉,孙熙国,2024.论新质生产力对马克思主义生产力理论的守正创新[J].河南社会科学,32(7):1-9.

崔茗莉,冯天天,刘利利,2024."双碳"目标下区块链与可再生能源的融合发展研究[J].智慧电力,52(2):17-24.

杜立辉,欧阳勇兵,2024.基于新质生产力视角的马钢股份财务绩效分析[J].冶金经济与管理(4):51-54.

范建斌,孟昭军,单沫文,等,2023.综合能源系统关键技术与国际标准化综述[J].电网与清洁能源,39(12):1-9.

方时姣,朱云峰,2022.碳达峰碳中和视域下能源经济发展论析[J].新疆师范大学学报(哲学社会科学版),43(3):81-90,2.

方行明,许辰迪,肖磊,2024."弹性能源结构"的构建与煤基低碳化路径的中国引领[J].社会科学战线(7):93-101.

耿子恒,孟山月,杨宜勇,2024.新质生产力何以驱动高质量发展[J].社会科学研究(4):48-55.

贺元康,2023.计及新能源的电力现货市场建设与管理[J].太阳能学报,44(12):584.

胡德胜,郭云鹏,2023.现代能源体系理念下农村能源政策法律体系之完善[J].中国软科学(12):28-37.

胡啟斌,刘西诺,2024.新质生产力赋能传统产业转型升级的机制与路径研究[J].决策与信息(7):5-14.

黄宏俊,孙然好,李佳蕾,等,2023.全生命周期视角下清洁能源碳中和贡献及区域差异[J].应用生态学报,34(6):1450-1458.

黄鑫昊,李迪,2024.数字经济、科技创新与产业结构优化升级[J].经济纵横(5):120-128.

黄一玲,2024."一带一路"高质量发展背景下中国对中亚能源投资风险应对探析[J].国际关系研究(3):100-117,158.

霍宇辉,2024.共建"一带一路"促进全球产业链供应链稳定畅通研究[J].中国物价(7):41-46.

贾康,郭起瑞,2024.数字普惠金融对农业新质生产力的影响研究[J].华中师范大学学报(人文社会科学版),63(4):1-13.

焦兵,2024.能源安全视角下国际能源贸易网络韧性测度研究[J].工业技术经济,43(5):131-140.

匡立春,邹才能,黄维和,等,2022.碳达峰碳中和愿景下中国能源需求预测与转型发展趋势[J].石油科技论坛,41(1):9-17.

李东兵,王妮,马涛涛,2024.混合动力汽车能量管理策略研究[J].机械设计与制造(6):193-197,203.

李怀政,金扬益,2021.我国缺失国际能源定价权的原因和对策分析[J].江苏商论(2):54-57.

李猛,2022."双碳"背景下海南自由贸易港绿色低碳循环发展经济体系构建[J].经济体制改革(3):48-54.

李雪娇,何爱平,安梦天.新质生产力对马克思生产力理论的新拓展[J/OL].西安财经大学学报,1-11[2024-07-20].https://sxgy.chinajournal.net.cn/WKH/WebPublication/index.aspx? mid=sxgy.

廉金龙,2024.培育新质生产力 锻造转型新动能[J].中国石油和化工(7):24-27.

刘纯明,余慧,2024.发展新质生产力的理论、历史和现实逻辑[J].西安文理学院学报(社会科学版),27(3):89-95.

刘萍,王傲雪,2024.黑龙江省加快形成新质生产力的路径思考[J].北方经贸(7):5-8.

苗渝舒,2023.国际贸易视角下的中国新能源产业发展策略探讨[J].太阳能学报,44(4):549.

聂海振,2023.数字经济背景下新能源发电企业经济管理模式探讨[J].储能科学与技术,12(11):3591-3592.

农春仕,2019.高质量发展背景下现代能源经济发展:理论本质与实现路径[J].现代经济探讨(11):50-55.

邱月,2022."双碳"目标下绿色金融如何助推能源经济[J].中国外资(6):18-20.

施文华,戴建华,2024.新质生产力赋能经济高质量发展:理论逻辑、作用机制与推进路径[J].成都师范学院学报,40(4):116-124.

石研,张禄晞,杨凤玖,2024.能源管理系统下的低碳经济创新与实践[J].山西财经大学学报,46(S1):31-33.

史亚荣,赵爱清,2023."双碳"目标下我国能源稳定与金融安全的耦合协调机理研究[J].经济纵横(7):43-54.

舒朝普,2018.建立高效能源经济体系:突破能源"不可能三角"[J].中国外资(7):68-69.

唐葆君,王崇州,许沛昀,等,2024.2024年中国能源经济指数研究与预测[J].北京理工大学学报(社会科学版),26(2):28-35.

唐云霓,闫如雪,周艳玲,2023.碳中和愿景下能源政策的结构表征与优化路径[J].清华大学学报(自然科学版),63(1):1-14.

王佩,任娜,蔡艺,等,2022.高油价下全球石油市场新特点和石油贸易新趋势[J].国际石油经济,30(6):35-44.

王如玉,梁琦,2024.面向空间的经济学与虚拟空间经济新范式[J].学海(4):65-75.

王震,2019."一带一路"倡议与中国现代能源经济体系构建[J].China Oil & Gas,26(2):15-17,70-71.

吴力波,马戎,2022.面向双碳的能源产业和金融政策体系设计思考[J].北京理工大学学报(社会科学版),24(4):81-92.

武汉大学国家发展战略研究院课题组,2022.中国实施绿色低碳转型和实现碳中和目标的路径选择[J].中国软科学(10):1-12.

相晨曦,2018.能源"不可能三角"中的权衡抉择[J].价格理论与实践(4):46-50.

谢非,王洋,2023.多边汇率、OFDI与能源贸易——基于中国与"一带一路"国家传统能源贸易实证分析[J].重庆大学学报(社会科学版),29(6):69-84.

徐孝民,刘星月,陈平泽,2024.能源安全保障的驱动路径与实践策略:基于地方财政自主度的视角[J].中国软科学(7):13-24.

徐耀强,2024.新时代新质生产力的发展路向[J].思想政治工作研究(7):12-14.

杨天财,2021.一带一路倡议与中国现代能源经济体系构建[J].中国外资(16):6-7.

易晓芹,2024.新质生产力赋能成渝地区现代化产业体系构建研究[J].四川冶金,46(3):1-6,36.

余清项,贾俊松,朱春敏,等,2024.中国居民直接能源消费碳排放时空跃迁特征及影响因素分析[J].环境科学研究,37(6):1193-1203.

於世为,孙亚方,胡星,2022."双碳"目标下中国可再生能源政策体系完善研究[J].北京理工大学学报(社会科学版),24(4):93-102.

曾诗鸿,李根,翁智雄,等,2021.面向碳达峰与碳中和目标的中国能源转型路径研究[J].环境保护,49(16):26-29.

张莉,2022.中国能源经济韧性研究[D].昆明:云南大学.

张平,2022.中国经济绿色转型的路径、结构与治理[J].社会科学战线(8):69-81,281.

张永礼,康跃迪,2024.清洁能源贸易格局演变及影响机制研究——以氢气为例[J].价格月刊(6):53-63.

郑新业,2018.中国现代能源经济体系建设路径探析[J].小康(12):26-27.

周宾,2021.新时期陕西能源经济高质量发展的机制与路径——基于"产融研"协同共生理论模型[J].新西部(4):63-66.

周立明,张道勇,姜文利,等,2023.油气资源储量分类体系对比[J].新疆石油地质,44(6):751-756.

周文,李雪艳,2024.加快形成与新质生产力相适应的新型生产关系:理论逻辑与现实路径[J].政治经济学评论,15(4):84-99.

朱丹,2023.中国对外贸易绿色低碳转型的路径探究[J].甘肃社会科学(2):216-224.

ABE,JOHN O,POPOOLA A P I, et al.,2019. Hydrogen energy,economy and storage:review and recommendation[J]. International Journal of Hydrogen Energy,44(29):15 072-15 086.

ANDREWS,JOHN,BAHMAN S,2012. Re-envisioning the role of hydrogen in a sustainable energy economy[J]. International Journal of Hydrogen Energy,37(2):1184-1203.

HENGYUN M,LES O,JOHN G,2010. China's energy economy:a survey of the literature[J]. Economic Systems,34(2):105-132.

NAKATA,TOSHIHIKO,2004. Energy-economic models and the environment[J]. Progress in Energy and Combustion Science,30(4):417-475.

SAMOUILIDIS,J-EMMANUEL,COSTAS S, et al.,1982. Energy-economy models:a survey[J]. European Journal of Operational Research,11(3):222-232.

后 记

当为本书写上最后一个句号之时,心中不禁感慨万千。在探索新质生产力理念下的能源经济体系建设这一课题的过程中,笔者不仅接受了一次学术层面的思维洗礼,更踏上了一场充满挑战与希望的实践征程。

回顾成书过程,笔者深切地体会到了新能源经济体系建设这一主题的重要性、特殊性与复杂性。在研究和撰写的过程中,笔者深入剖析了大量与能源经济有关的案例和数据,与能源方面的一些专家学者进行了广泛的交流和探讨。每一次的观点碰撞、每一次的思维拓展,都让笔者对能源经济体系的建设有了更深刻的认识。

新质生产力理念的提出不仅是思想理论层面的创新,更是对中国发展过程中一系列现实问题的有力回应。在全球能源格局不断变化的当下,传统化石能源面临着资源枯竭和环境压力的双重挑战。新能源的发展虽然迅猛,但仍存在诸多技术瓶颈和市场障碍。如何在新质生产力理念的指引下实现能源的高效利用、优化配置和可持续发展,成为了值得深入思考的一项重要课题。

通过对各种新旧能源形态的分析发现,无论是传统的化石能源还是新兴的可再生能源、清洁能源,其在能源经济体系中的地位和作用都需要在新质生产力理念下进行重新审视和定位。对于传统化石能源,不能一味地依赖和消耗,而应通过技术创新提高其利用效率,减少环境污染。对于可再生能源、清洁能源,我们要加大研发投入,持续突破技术难关,逐步降低成本,尽快实现规模化应用。

同时,能源经济体系的建设离不开政策的支持和引导。政府在制定能源政策时,应充分考虑新质生产力理念的要求,从宏观层面进行统筹规划,为能源产业的发展营造良好的政策环境。此外,还应加强监管力度,确保能源市场的公平竞争和规范运行。

在市场机制方面,有必要建立更加灵活有效的能源市场,充分发挥价格杠杆的作用,引导能源资源的优化配置、合理消费和理性投资。同时,要鼓励企业积极进行商业模式的创新,推动能源产业链的整合与优化,提高整个能源经济体系的运行效率。在社会层面,提高公众的能源意识至关重要。只有当每个人都认识到能源问题的严峻性并积极参与到能源节约和环境保护中来,才能形成全社会共同推动能源经济体系建设的强大合力。

在本书中所展开的探讨仅仅是一个开端。能源经济体系的建设是一个动态的、不断发展的过程,新的问题和挑战会不断涌现。只要我们始终坚持新质生产力理念,不断探索创新,就一定能够找到解决能源经济相关问题的方法和途径。

在未来的研究和实践中,期待更多的学者、专家和业界人士能够加入这一队伍,共同为能源经济体系的建设贡献智慧和力量。笔者也希望通过本书的出版,激发更多的思考和讨论,推动相关研究的深入开展。能源经济体系的建设任重道远。让我们携手共进,在新质生产力理念的指引下,为创造一个更加清洁、高效、可持续的能源经济体系而不懈努力。

最后,感谢中国科学院院士赵鹏大教授,原国土资源部地质环境司司长、自然资源部老科协会长关凤峻老师为本书编写提供宏观方向指引,并不辞辛劳拨冗作序。

本书的完成离不开众多良师益友的鼓励与帮助,在此特别要感谢许正中主任、关凤峻司长、李伟敏司长、邢相勤校长、高湘昀院长等良师前辈的大力支持,感谢中国地质大学出版社江广长社长、段勇、王敏、徐蕾蕾老师在本书出版过程中付出的辛勤劳动。同时,还要感谢丁晓莉、王昭然、史帅航、杨柳、梁俊茂等博士/老师在材料搜集、参与著作等方面所做的工作。

在写作过程中,本书参考引用了部分专家学者的已有著作、论文、研究成果和数据资料,这给了我们很多启示和帮助,在此未能一一列举,谨向他们表示衷心感谢。

笔 者

2024 年 11 月